L. KLING & X. JEHL

SCHLESTADT
PENDANT LA GUERRE
1870

AVEC HUIT GRAVURES ET UN PLAN

PARIS
LIBRAIRIE R. CHAPELOT & Cie
30, Rue et Passage Dauphine
1911

SCHLESTADT
PENDANT LA GUERRE
1870

*Édité par la Société amicale des Anciens élèves
du Collège de Schlestadt.*

L. KLING & X. JEHL

SCHLESTADT
PENDANT LA GUERRE
1870

AVEC HUIT GRAVURES ET UN PLAN

PARIS
LIBRAIRIE R. CHAPELOT & Cie
30, RUE ET PASSAGE DAUPHINE
1911

Le commandant Lucien Kling[1] s'était proposé d'écrire la relation des événements survenus à Schlestadt, notre ville natale commune, pendant la guerre de 1870.

Il avait réuni dans ce but les principales publications parues, tant en France qu'en Allemagne, sur le blocus et le siège de la forteresse ; il possédait en outre quelques documents inédits.

Kling destinait surtout sa notice à ses camarades de la *Société amicale des anciens élèves* de notre collège. Dans sa pensée, ces souvenirs d'une époque si troublante devaient plus particulièrement les intéresser : n'en étaient-ils pas tous les contemporains !

L'affaiblissement de la vue empêcha notre ami de résumer ses recherches laborieuses, et il me demanda de compléter son œuvre : je l'acceptai volontiers. J'ai pu ajouter aux notes déjà réunies des communications de camarades qui furent les témoins

[1] Chef d'escadron d'artillerie en retraite, décédé en 1910.

de ces tristes journées — je leur adresse ici mes bien sincères remerciements. En plus, il m'a paru intéressant de retracer quelques événements antérieurs à la guerre.

Ce livre constituera ainsi un *chapitre de plus à l'histoire militaire de notre vieille forteresse aujourd'hui démantelée.*

Kling est mort avant que j'aie pu lui lire ces pages. Au nom de l'ami regretté, je les dédie à notre chère cité : Ceux que la guerre a éloignés d'elle en conservent toujours le fidèle et doux souvenir.

X. JEHL,
Pharmacien principal de l'armee, en retraite.

J'assure tout particulièrement de ma gratitude la plus vive :
MM. VATIN, ancien lieutenant d'artillerie de la garde mobile, préfet honoraire, dont le concours dévoué m'a été précieux,

Louis GENTIL, chef de bataillon d'infanterie en retraite, au talent duquel est due la reproduction de photographies prises après la reddition de la ville,

et Charles SCHIFFER, qui a donné tous ses soins à l'impression de ce petit livre.

Paris, octobre 1911.

SCHLESTADT PENDANT LA GUERRE

CHAPITRE I

LA PLACE FORTE

I. SITUATION. IMPORTANCE STRATÉGIQUE. — II. HISTORIQUE ET PASSÉ MILITAIRE. — III. LES FORTIFICATIONS. — IV. LA GARNISON AVANT LA GUERRE.

I. — SITUATION. IMPORTANCE STRATÉGIQUE.

SCHLESTADT, place de guerre et chef-lieu d'arrondissement du département du Bas-Rhin, était, en 1870, une ville de dix mille habitants. Bâtie dans la plaine, sur la rive gauche de l'Ill, à 14 kilomètres du Rhin, à 4 kilomètres des premiers contreforts des Vosges et de l'entrée de la vallée de la Liepvre, elle était resserrée dans l'enceinte étroite de ses murailles élevées par Vauban [1].

---

1. Superficie intra-muros : trente et un hectares environ.

Plusieurs routes y aboutissaient : celles du Rhin par Diebolsheim ou par Marckolsheim, celle de Saint-Dié par Sainte-Marie-aux-Mines, celle de Saverne par Molsheim et Barr.

La route nationale de Strasbourg à Bâle longeait les glacis des fortifications à l'ouest. Parallèlement à cette voie, à environ 300 mètres plus loin, courait la ligne du chemin de fer de Strasbourg à Mulhouse et Belfort. L'embranchement de Sainte-Marie partait de la gare de Schlestadt et, décrivant une courbe, se dirigeait vers la vallée en restant en deçà du Giessen.

La grande forêt de l'Ill[1], arrosée par de nombreux cours d'eau, séparait la ville, à l'est, des routes parallèles au Rhin.

La forteresse, qui barrait des voies de communication importantes dans la partie la plus étroite du pays, pouvait être tournée facilement : son importance stratégique se trouvait, par cela même, bien réduite[2]. Déjà il avait été question de la démanteler. Peu d'années avant la guerre, elle fut ramenée au rang de place forte de 3e classe.

Après la reddition de Strasbourg, les Allemands devaient s'en emparer pour être maîtres de toute l'Al-

1. Achetée par la ville en 1536 à l'abbaye de Conques en Rouerge, de qui dépendait Sainte-Foy.
2. Bien armée, elle aurait pu servir comme base de la défense mobile des Vosges. (*La guerre de 1870-71*).

sace et posséder la libre disposition du chemin de fer avant d'aller assiéger Belfort.

II. — HISTORIQUE ET PASSÉ MILITAIRE.

Les rois Francs, qui avaient graduellement étendu leurs conquêtes dans le nord-est de la Gaule, s'étaient attribués des domaines considérables en Alsace après avoir repoussé les Alamans sur la rive droite du Rhin, vers la fin du ve siècle [1].

Les Mérovingiens possédaient à Schlestadt une résidence royale que conservèrent les rois Carolingiens. Les premières chartes qui mentionnent le nom de la future cité datent de 727 « Selastat », puis de 775 « Scalistat et Scladistat ». — Charlemagne y passa les fêtes de Noël avant d'aller combattre les Lombards [2].

---

[1]. L'emplacement actuel de Schlestadt était occupé par les Gallo-Romains au IIIe siècle. La construction d'une villa, rue de l'Ancienne Poste, fit découvrir, en 1902, sous une épaisse couche de débris et de cendres, de nombreuses monnaies romaines toutes antérieures à l'année 268. En 1910, des monnaies similaires furent trouvées lors de la construction d'une annexe à la caserne.

[2]. « Cum nos, in Dei nomine, Scalistati villa in palatio nostro.,. ... resideremus ». (Charte de Charlemagne, d'après Dorlan.)

D'après l'abbé Gény, le nom de Schlestadt viendrait de deux mots de l'ancien dialecte alemanique : Slade ou Sclade, marécage, contrée humide, et Stat, lieu. Notre compatriote et ami, mort prématurément,

Lors du partage de la monarchie franque en 843, l'Alsace échut à Louis le Germanique; ses successeurs aliénèrent en partie les anciens domaines royaux. Schlestadt, l'un des quatre bourgs de l'Empire, appartint dans la suite aux Hohenstaufen de Souabe, qui devinrent ducs d'Alsace en 1080.

Les empereurs, issus de cette famille, portèrent intérêt à la cité naissante où leur aïeule Hildegarde, Alsacienne de naissance, avait fondé le prieuré de Sainte-Foy. L'empereur Frédéric II, en 1216, agrandit la petite ville (villula) qu'il éleva au rang de ville libre impériale. Il y attira de nouveaux habitants [1] et la fit entourer de murailles : cette première enceinte fut construite par les soins de l'échevin Wolfel de Haguenau, landvogt ou lieutenant impérial en Alsace.

Ainsi protégée, la nouvelle cité put se développer librement pendant les temps troublés du Moyen âge. Elle avait soin de ses fortifications qu'elle élargit et remania à plusieurs reprises; mais elle entretenait aussi l'esprit guerrier parmi ses habitants [2] et con-

s'était déjà montré le digne successeur des Kleitz, Dorlan et Vatin, par des travaux remarquables sur l'histoire de sa ville natale. Ce fut lui qui installa la nouvelle bibliothèque inaugurée en juin 1889.

1. Les **habitants** du village de Burner vinrent tous se fixer en ville, ainsi que la presque totalité des gens de Kintzheim. L'emplacement de Burner est occupé par le cimetière israelite actuel. La forêt qui appartenait aux habitants s'appelle encore Burner-Allmend.

2. La ville ne recevait aucun bourgeois qui n'eût un casque, une cui-

tractait alliance avec les autres villes libres de l'Alsace[1]. Deux fois, elle repoussa les évêques de Strasbourg qui voulaient la soumettre. Non seulement les Armagnacs (die Schender), en 1444-45, ne purent pas s'emparer de la ville, mais les Schlestadtiens, conduits par Konrad Günther, les défirent dans une embuscade près de Liepvre et s'emparèrent de leurs drapeaux qui, longtemps, ornèrent l'église Saint-Georges.

Vers 1525, après la guerre des paysans que le duc Antoine de Lorraine défit près de Scherwiller, les fortifications furent reconstruites [2]. La « forteresse ovale » comprenait une double enceinte de murs avec trente-huit tours, chemin de ronde couvert pour les gardiens, glacis et ouvrages avancés ; un triple fossé l'entourait.

Pendant la guerre de Trente Ans, les bandes de Mansfeld n'attaquèrent pas la ville, mais elles en dévastèrent les environs (1621-22). Quelques années plus

---

rasse et une hallebarde. Elle entretenait une compagnie de sagittaires, puis d'arquebusiers formée de ses propres citoyens ; elle nourrissait l'émulation militaire par des prix. (Dr Lorentz.) Au XIVe siècle, 900 bourgeois etaient en etat de porter les armes, et 200 dragons étaient à la solde de la cité.

1. Les dix villes libres, réunies depuis 1354 en confédération (Décapole), etaient sous la protection de la maison d'Autriche. Le landvogt de l'empereur suzerain résidait à Haguenau, chef-lieu de la préfecture. Schlestadt avait la garde des archives de la confédération. L'union se maintint jusqu'à l'annexion de l'Alsace à la France.

2. Par Daniel Speckle, le célèbre architecte et ingénieur strasbourgeois.

tard (1629), une garnison impériale, forte de deux compagnies de cavaliers et de six cents hommes à pied, soldats aguerris et éprouvés, vinrent occuper Schlestadt pour renforcer les milices communales.

Les Suédois, commandés par le maréchal de Horn, investirent la ville qu'ils sommèrent de se rendre, le 18 novembre 1632. Le gouverneur Georges de Breitenbach leur répondit par un refus énergique. De Horn s'installa à Châtenois, puis établit des tranchées devant Schlestadt, qu'il bombarda. Les assiégés firent une vigoureuse défense et tentèrent même des sorties pour repousser l'ennemi. En vain, le margrave Guillaume de Bade, statthalter impérial, essaya de venir à leur secours; la ville, qui avait beaucoup souffert, dut se rendre[1] : *Pour la première fois, elle ouvrait ses portes à l'ennemi*. Le 13 décembre 1632, les Suédois entrèrent dans la place forte, en même temps que les Impériaux la quittaient avec armes et bagages. Les habitants avaient obtenu de ne pas être inquiétés dans l'exercice de leurs droits civiques et dans la pratique de la religion catholique; cependant, les Suédois célébrèrent un office d'actions de grâces dans l'église cathédrale de Saint-Georges[2].

1. Une brèche était pratiquée.
2. Ils pressurèrent ensuite tellement les habitants qu'une conjuration se forma pour les expulser; elle échoua et la répression fut sanglante. Huit bourgeois furent pendus aux portes de la ville (1634).

Après la bataille de Nordlingen perdue par le chancelier Oxenstiern, les Suédois évacuèrent Schlestadt qu'ils cédèrent à leurs alliés les Français[1] : le comte de Hocquincourt vint en prendre possession avec ses troupes. Cette cession fut confirmée par les traités de Westphalie en 1648. La maison d'Autriche et l'Empire renoncèrent, en faveur du roi très chrétien Louis XIV, à leurs possessions en Alsace et à leurs droits de suzeraineté sur les dix villes libres, dont les privilèges devaient toutefois être respectés.

Les villes libres, jalouses de leurs droits et de leurs libertés, ne se soumirent pas avec un grand empressement au nouveau régime. Condé signala ces difficultés, en juin 1673 plus particulièrement, et le 28 août suivant, Louvois envoya dix-sept cents soldats à Schlestadt en prescrivant au magistrat Schöpf la démolition immédiate des remparts. Dès le 3 septembre, les habitants durent se mettre eux-mêmes à ce travail. La tour de l'Horloge[2] (Neïathorn) et la tour dite des Sorcières[3]

---

[1]. L'évacuation eut lieu le 23 octobre 1634 et le traité de cession fut signé à Paris, le 1er novembre 1634.

Déjà Louis XIII avait voulu se réserver la conquête de l'Alsace qui avait fait partie de la France sous les Mérovingiens; mais Gustave-Adolphe ne s'y était pas prêté.

[2]. Porte de la deuxième enceinte (xive siècle) : sa terrasse fut transformée en 1614 et garnie de clochetons.

[3]. Le *Niedertor* ou porte nord du xiiie siècle.

(Haxathorn) restent seules debout des anciennes fortifications du Moyen âge.

Pendant la guerre contre les Impériaux, la ville démantelée fut occupée tantôt par les troupes de l'Électeur de Brandebourg, tantôt par les troupes de Turenne, de Condé [1] ou de Luxembourg.

Lorsque le traité de Nimègue (1679) eut réuni définitivement l'Alsace à la France, Vauban releva les fortifications de Schlestadt sur de nouveaux plans ; par les inondations qu'il régla, il en rendait tout un côté inaccessible à l'ennemi. Des ouvrages extérieurs (lunettes) renforcèrent plus tard l'enceinte [2].

Durant les guerres de la République et de l'Empire, la ville servit de dépôt d'instruction et de place de ravitaillement [3]. Plusieurs de ses enfants, Klingler, Schaal, Eberlé et Amey devinrent généraux de Napoléon.

En 1814, le 5 janvier, la forteresse fut investie par les troupes bavaroises sous les ordres du général comte de Pappenheim. Le commandant Schweisguth

---

1. Condé établit ses lignes sur la rive droite de l'Eber (Lèbre ou Liepvrette) depuis Schlestadt jusqu'à Châtenois, où il construisit une redoute.

2. La fortification de Schlestadt possédait des propriétés défensives très marquées, inhérentes à son site, à son tracé, à sa masse.

3. En mars 1804, le 26e régiment de dragons, en garnison à Schlestadt, fournit 300 cavaliers qui franchirent le Rhin à Rhinau et s'emparèrent du duc d'Engnien à Ettenheim (duché de Bade).

la défendait : c'était un soldat alsacien [1], brave, ferme et énergique. Il disposait de 2 000 hommes dont la moitié n'avait pas tiré un coup de fusil. Pappenheim établit ses batteries à 400 pas des remparts, entre les routes de Kintzheim et de Châtenois. Dans la nuit du 30 janvier, il lança sur la ville 420 projectiles, de minuit et demie à trois heures du matin, et brûla vingt-deux maisons. Le bombardement reprit le lendemain, puis les 5 et 6 février [2].

Sommé de se rendre, Schweisguth répondit : « Je défendrai la ville jusqu'à la dernière extrémité, fût-elle brûlée » ; et il tint parole.

La compagnie de canonniers de la cohorte urbaine secondait vaillamment la compagnie d'artilleurs à pied qui, elle-même, n'était formée que de recrues. Le canon de la place répondait vigoureusement à l'ennemi.

Les assiégés firent plusieurs sorties et ramenèrent des prisonniers du Galgenfeld. Pappenheim leva le blocus le 4 mai. Un cinquième de la garnison était mort du typhus ; trente maisons étaient brûlées et un grand nombre fortement endommagées [3].

1. Né à Molsheim.
2. La salle de bal, une des plus belles de France, fut consumée. Les topographies médicales de J. Lorentz (1784) et de Reignier (1824) signalent combien la danse était en honneur dans notre ville.
3. *L'Alsace en 1814* de A. Chuquet contient un intéressant chapitre sur ce blocus dont le souvenir resta longtemps très vivace dans la population schlestadtienne. Les habitants et le maire Armbruster secondaient

En 1815, les Alliés parurent le 30 juin devant Schlestadt qui organisait sa défense : l'inondation n'était pas tendue. Ils attaquèrent la redoute 12, mais furent repoussés. La ville fut bloquée, et l'ennemi tenta de détourner les eaux qui protégeaient le front est; il ne réussit qu'à faire baisser leur niveau. La garnison fit plusieurs sorties heureuses. Le 11 juillet, elle détruisit les ouvrages ennemis à 1800 mètres de la place et poussa d'une haleine jusqu'à Châtenois où elle surprit le quartier général. Le 21 juillet, le maréchal de camp de Sainte-Suzanne, commandant supérieur, conclut l'armistice avec les Alliés.

De 1867 à 1869, les fortifications, négligées depuis longtemps[1], furent renforcées par la construction de traverses pleines et de traverses-abris sur les remparts.

La forteresse fut démantelée après 1875. Il n'en reste aujourd'hui que le front sud transformé en promenade « Vauban-Allée », la porte de Strasbourg, la redoute de la Steiner-Kreuzbrucke et la lunette 9.

le commandant dans la résistance. Les vivres ne manquèrent pas, témoin ce dicton que nous avons bien souvent entendu répéter dans notre jeunesse :

Pfannenkuchen und Elferwein
Es derft ké Koschpeitel herein!

« (Nous avons) des crêpes et du vin de la comète (1811); ils ne seront pas pour vous, Teutons goulus. »

1. En 1838, le chef du génie élabora un plan de réfection et de renforcement de la place, avec ouvrages à l'entrée de la vallée, comme on en avait déjà créé en l'an III. (Archives.)

III. — LES FORTIFICATIONS.

L'enceinte de la ville, construite par Vauban de 1679 à 1685, formait un polygone irrégulier de neuf côtés, comprenant huit bastions, dont cinq à oreillons, et un demi-bastion (n° 35) relié au bastion 34 par une muraille percée de meurtrières, à gauche de la porte de Brisach. Au sud-est, la place s'appuyait directement sur l'Ill qui tournait en boucle vers la forêt.

Les remparts avaient un revêtement de huit mètres d'élévation. Au-dessus de l'escarpe, la terre gazonnée du parapet protégeait les banquettes pour l'infanterie ; de profondes embrasures devaient y être pratiquées pour le tir des canons. Un chemin de ronde, assez spacieux et planté de beaux arbres, permettait les communications ; des rampes et des escaliers y donnaient accès depuis la route basse des fortifications, mais celle-ci n'était pas continue[1]. Les murs des contre-escarpes avaient, en moyenne, 3 m. 50 de hauteur ; un chemin couvert les dominait, protégé par la masse des glacis qui descendaient insensiblement vers les terrains extérieurs.

---

1. Des maisons particulières avaient empiété en plus d'un point sur le terre-plein des fortifications et sur la rue du Rempart.

Les fossés[1] de la place, assez larges, pouvaient être inondés en moins de 48 heures. D'une part, on y refoulait les eaux de l'Ill en fermant les écluses du pont de la porte de Brisach; d'autre part, on y déversait les eaux du canal des Pêcheurs et du canal de Châtenois. Une vanne principale établie devant le bastion 33 et des batardeaux secondaires maintenaient le niveau de l'inondation à près de deux mètres de hauteur.

Les environs de la ville étaient presque entièrement plats. Le sol, couvert de jardins et de vignes au nord et à l'ouest, s'élevait lentement vers les villages situés au pied des Vosges. Au sud et à l'est, les remparts étaient entourés par des prairies basses et avaient l'inondation pour sauvegarde.

Trois bastions, l'un à l'ouest, les deux autres au nord-ouest et au nord (30, 31 et 32), avaient des cavaliers qui s'élevaient à douze mètres au-dessus du terrain avancé et renforçaient les ouvrages extérieurs; les bastions 29 et 33 abritaient deux poudrières mises à l'abri de la bombe par Vauban; il existait, en outre, deux magasins pour le service courant à la tour des

---

[1]. Les fossés, où jadis l'eau croupissait, exhalant en été une odeur pestilentielle, n'ont été mis à sec qu'en 1774. On y creusa des cunettes qui recevaient l'eau du canal des Pêcheurs. Un canal de dérivation, partant du bastion 33, permettait l'écoulement des eaux dans l'Ill. Ces cunettes étaient, en hiver, le rendez-vous des patineurs!

SCHLESTADT. — VUE PRISE DU NORD DEVANT LE HANATHORN ET LA PORTE DE STRASBOURG.
D'après une photographie.

Sorcières et au cavalier 30. Sur le chemin de ronde et dans les divers ouvrages, vingt-huit traverses-abris recevaient les munitions destinées aux batteries voisines ou pouvaient constituer un refuge pour les servants. La place manquait de constructions blindées pour abriter ses troupes et ses approvisionnements.

L'enceinte présentait trois portes de sortie : au nord, la porte de Strasbourg ; à l'ouest, celle de Colmar ; au sud-est, celle de Brisach. Des voûtes basses livraient passage à deux cours d'eau : le canal de la Liepvrette (ou de Châtenois) qui traversait le fossé des fortifications sur un aqueduc en bois [1], devant la courtine 30-31, et le canal des Pêcheurs [2] qui entrait en ville sous le bastion 28 : tous deux aboutissaient à l'Ill, près de la porte de Brisach.

Six demi-lunes protégeaient les portes et les courtines : celle de la porte de Strasbourg était appuyée par un couvre-face. La demi-lune 26, la plus grande de toutes, couvrait la porte de Brisach et le pont écluse de l'Ill. Elle contenait des magasins militaires et un moulin actionné par le canal[3] qui traversait l'ouvrage. Des poternes livraient passage à travers les

---

1. S'Stadtscheff. — Le canal, anterieur à 1516, servit au transport des pierres pour la construction des fortifications.

2. Der Fischerbach.

3. Le canal dérivait de l'Ill au « Tich » : il servait aux bains publics.

remparts et les demi-lunes pour accéder aux fossés et permettre les communications.

Onze lunettes[1] construites dans toutes les directions en avant des glacis, à une centaine de mètres environ des remparts, et d'autres plus avancées, protégeaient les approches immédiats de la place : revêtues en maçonnerie, elles étaient reliées à l'enceinte par des chemins couverts avec double caponnière. La lunette 1, élevée en avant du bastion 28, prenait à revers le terrain situé devant le front 28-29. La lunette 112[2], au nord des lunettes 5 et 6, commandait un pli de terrain derrière le cimetière.

Deux bassins d'inondation défendaient l'approche d'une moitié de l'enceinte. Le bassin supérieur s'étendait jusqu'à 1 600 mètres devant le front sud et sud-est, sur les deux rives de l'Ill. Sur la rive gauche, l'inondation se produisait en même temps et par les mêmes moyens que celle des fossés. Sur la rive droite, elle était tendue en barrant le canal de la demi-lune 26, et en fermant les écluses des ponts de la Werckscheuerbrucke et de la Steiner-Kreuzbrucke. Ce dernier bar-

---

[1]. Ou redoutes. Parmi elles, la « Studenta redoute » évoquera bien des souvenirs chez nos camarades. Les lunettes 1, 8 et 9 étaient dans l'inondation.

[2]. Cet ouvrage 112 date du blocus de 1815. Le front 31-32 était alors jugé le plus faible de tous, « car il était trop près d'une petite éminence que l'assiégeant pouvait aisément occuper ».

rage, situé à un kilomètre de la ville sur la route de Marckolsheim, était le plus important pour la défense, car il arrêtait le cours d'un fort bras de l'Ill, appelé le Schiffweg. Il était protégé par une redoute casematée construite par Vauban (n° 12) et par un ouvrage en terre lui faisant face (n° 11), tous deux placés en deçà du pont. La chaussée de Marckolsheim, en remblai, servait de digue pour retenir les eaux.

Le bassin inférieur, à l'est, n'avait que trois cents mètres de largeur; il s'alimentait par le trop-plein des fossés qui s'écoulait devant le bastion 33. Les eaux étaient arrêtées par un batardeau élevé devant le bastion 34 et par deux digues que l'on établissait devant le canal de dérivation des cunettes et dans l'Ill, en avant des lunettes 8 et 9. Les terrains compris entre les deux bassins étaient battus par la lunette 10 [1].

Il n'eût été d'aucune utilité pour l'ennemi de tenter une dérivation du cours de l'Ill. En effet, au sud de la place, le sol était très riche en sources dont quelques-unes, telles que le Brunnwasser, avaient un débit considérable. Le seul arrêt des eaux aurait amené l'inondation.

On pouvait encore étendre celle-ci et couvrir les prairies municipales dites Unter-Erlen, situées à

---

[1]. Ces terrains étaient détrempés par suite de l'arrêt des eaux au point qu'il devenait impossible d'y creuser aucune tranchée.

gauche de la route de Marckolsheim, entre la redoute 12 et la forêt; il suffisait d'élever une digue au travers des fossés dits Erlengraben et de la Grossschlucht. De telle sorte qu'en cas de siège, la ville était séparée de la forêt par une immense nappe d'eau, que traversait la chaussée surélevée conduisant à la chapelle[1] de Notre-Dame-des-Neiges, à deux kilomètres et demi de la ville.

IV. — LA GARNISON AVANT LA GUERRE.

Pendant une longue période d'années, Schlestadt avait eu comme garnison un régiment de cavalerie ou le dépôt d'un de ces régiments avec des troupes d'infanterie. En 1857, le dépôt du 5e lanciers quitta la ville ; un bataillon d'infanterie et une ou deux batteries d'artillerie, détachés des régiments de Strasbourg et périodiquement relevés, vinrent y tenir garnison jusqu'en 1864, après des événements qu'il paraît intéressant de rappeler.

Les élections générales de mai 1863, qui suivirent l'octroi de quelques libertés, furent marquées par un vif réveil de l'esprit public. Le député de l'arrondissement de Schlestadt, comte Hallez-Claparède, qui avait

---

1. La route fut établie plus tard jusqu'au Schnellenbühl.

ERRATUM.

Page 18, note 1. La route fut établie, vers les années 1300, jusqu'au Schnellenbühl.

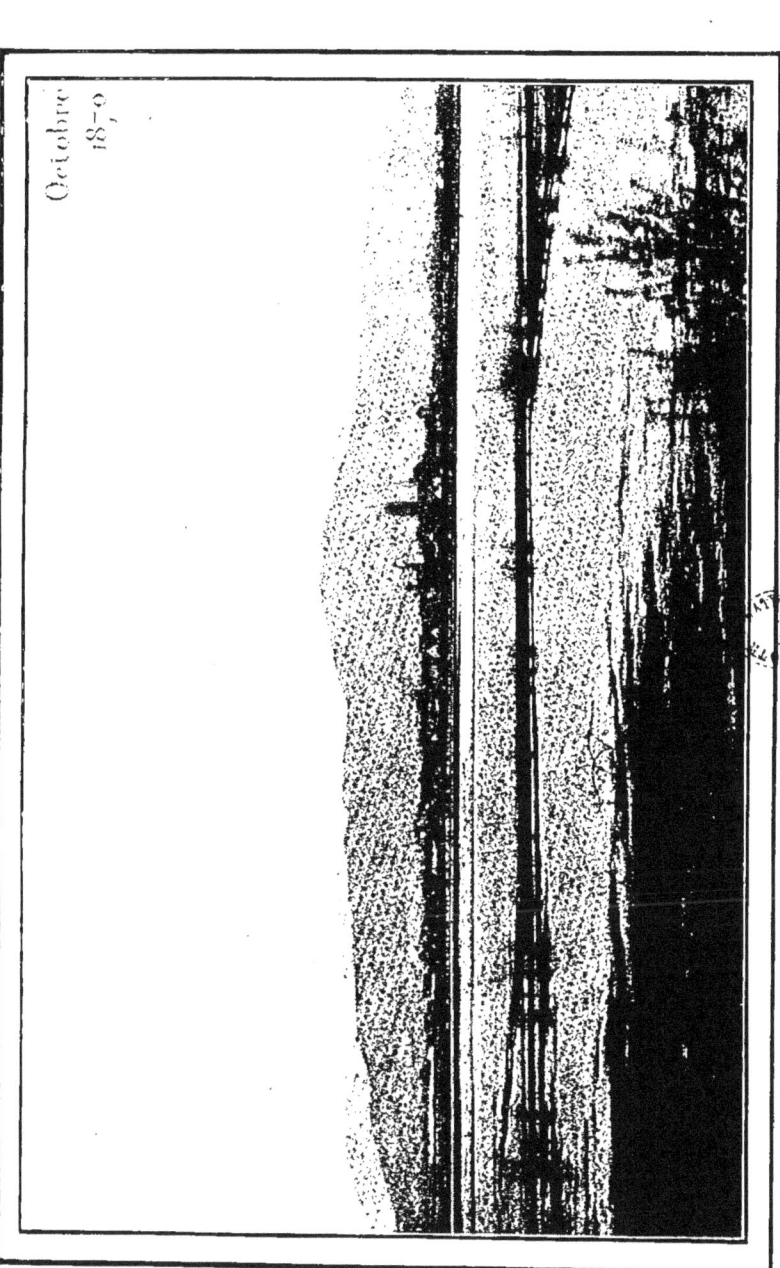

SCHLESTADT, VUE PRISE DE L'EST. — L'INONDATION ET, A GAUCHE, LES CASERNES EN RUINES.
D'après une photographie.

été un des premiers à faire acte d'indépendance au Corps législatif, vivement combattu par le Gouvernement, échoua contre son concurrent, le baron Zorn de Bulach. Mais l'élection fut annulée et le candidat libéral triompha le 18 janvier suivant. Il obtint dans la ville même une forte majorité[1] !

Tous nos contemporains ont gardé le souvenir de cette lutte si vive[2] qui nous initia à la politique. Le principal du collège communal, l'abbé Bresson, docteur en théologie, s'était ouvertement rangé parmi les libéraux, ainsi que plusieurs de nos professeurs les plus aimés. C'en était assez pour passionner les collégiens ; et, lorsque le scrutin fut proclamé, leur bande bruyante, au sortir de l'étude du soir, parcourut la ville aux cris de « vive Hallez » !

L'abbé Bresson, en compagnie de notre excellent professeur de mathématiques, M. Charrière, avait assisté au dépouillement des votes dans cette salle du théâtre[3] où, chaque année, était célébrée la « distribution solennelle des prix ». Il se tenait, discourant aux premiers rangs, la tête haute, la face empourprée, l'œil « fulgurant », le chapeau haut légèrement incliné en

---

1. M. de Bulach fut nommé député en 1869 ; M. Hallez, malade, s'était retiré.
2. Les familles se divisaient, les amis se brouillaient à cause de la divergence de leurs opinions.
3. Elle a été démolie en 1909.

arrière, l'inévitable tabatière et le mouchoir à carreaux rouges et noirs à la main. Son indépendance lui valut son déplacement. Aux vacances de 1865, il fut envoyé à Dôle et quitta le collège qu'il avait su amener à une situation florissante, maintenue d'ailleurs par son successeur, M. Petitjean.

La ville avait déjà eu à souffrir de l'opposition de son député et du libéralisme de ses habitants. Le bataillon du 26º régiment d'infanterie et les deux batteries du 13º régiment d'artillerie, qui s'y trouvaient en 1864, retournèrent à leur portion centrale et ne furent pas remplacés [1]. C'était transformer en une ville morte la petite cité presque sans commerce et sans industrie ; c'était léser profondément les intérêts de ses habitants qui continuèrent à supporter les servitudes attachées à une place de guerre, quoique celle-ci fût, pour ainsi dire, abandonnée. On ne se décida pourtant pas à déclasser ces murailles qui, déjà, passaient pour ne plus offrir grande résistance au tir de l'artillerie rayée moderne : elles furent encore jugées utiles et maintenues par la suite [2].

---

1. La voix populaire rattachait du moins les deux faits. Une pétition fut adressée pour obtenir le déclassement des fortifications. « Il est superflu de faire ressortir les immenses avantages qu'offrirait à notre cité la réalisation de ce projet. » (*Affiches de Schlestadt*, 27 juin 1865.)

2. Un décret impérial du 26 juin 1867 mit à exécution un projet de déclassement de nombreuses places fortes jugées inutiles ou d'impor-

Au bout de six mois, en juin 1865, une compagnie du train d'artillerie fut envoyée en garnison dans la place, avec un demi-bataillon d'infanterie[1]. En décembre,

LE HAXATHORN.

LE NEÏA-THORN ET LE NEÏA-WAÏ.
D'après deux photographies.

la compagnie de fusiliers vétérans[2] vint assurer la garde de la forteresse.

Cependant des événements graves étaient survenus. La Prusse menaçait son ancienne alliée dans la guerre

tance réduite. Les dépenses qu'exigeait leur entretien devaient être consacrées à l'amélioration des grandes forteresses.
1. Du 89e, puis du 84e régiment.
2. Elle venait de Lauterbourg.

des Duchés (1864), et la lutte éclata, en 1866, entre les deux pays. Paralysée par l'expédition du Mexique, la France commit la faute de laisser succomber l'Autriche ; et elle se trouva, au lendemain de Sadowa, en face d'une Allemagne nouvelle, dont les divers groupes allaient s'unir à la Prusse. La théorie des nationalités, chère à l'empereur Napoléon, triomphait : ce fut contraire à nos intérêts [1].

L'affaire du Luxembourg éclata comme un coup de foudre au printemps de 1867. Devant l'imminence d'un conflit avec la Prusse, le ministre de la Guerre envoya, dans les vingt-quatre heures, d'Avignon à Schlestadt, le 69ᵉ régiment d'infanterie[2]. Mais la paix ne fut pas encore troublée[3].

Le régiment venait récemment de Rome et possédait une musique excellente qui donnait ses concerts sous les Tilleuls, la promenade hors la porte de Colmar. Les mélomanes ne jouirent pas longtemps de cette bonne fortune, car au bout de deux mois,

---

1. Le 1ᵉʳ décembre 1866, *Le Courrier du Bas-Rhin* reproduisait un article de la *Gazette d'Anvers* « Des arriere-pensees de la Prusse sur l'Alsace et la Lorraine », où le journal belge disait : « Le Cabinet prussien se prépare à la guerre, dans l'espoir de reprendre un jour l'Alsace et la Lorraine ».

2. Officiers et soldats logèrent chez l'habitant, par suite du manque de literie dans les casernes.

3. La conférence de Londres neutralisa le Luxembourg le 13 mai 1867.

l'état-major et deux bataillons allèrent tenir garnison à Colmar ; un seul bataillon resta à Schlestadt. La compagnie de vétérans alla garder les prisonniers de Clairvaux.

Peu après, en septembre 1867, le 2ᵉ régiment du train d'artillerie fut créé dans notre ville. Il permuta, en avril 1868, avec le 6ᵉ régiment de lanciers d'Auxonne. Le bataillon du 69ᵉ fut remplacé par un bataillon du 78ᵉ, qui resta jusqu'en 1870.

Le régiment de lanciers détachait deux escadrons à Neuf-Brisach. Il se trouvait ainsi réparti au moment où éclata la guerre contre l'Allemagne. Dès les premiers bruits de conflit, le colonel Tripard avait préparé la mobilisation des deux escadrons de la portion centrale (1ᵉʳ et 3ᵉ) pour tenir son régiment prêt à toute éventualité. Les deux escadrons détachés (4ᵉ et 5ᵉ) venaient d'être appelés le 10 juillet à Colmar, à l'occasion d'une grève des ouvriers de Mulhouse ; ils rentrèrent d'urgence à Schlestadt, le 14 juillet.

CHAPITRE II

LA GUERRE

I. LES PRÉLIMINAIRES. — II. LA GARNISON DE DÉFENSE. — III. LES GARDES MOBILES. — IV. L'ARMEMENT.

I. — LES PRÉLIMINAIRES.

Dès que la guerre fut votée par le Corps législatif[1], le 15 juillet 1870, un mouvement patriotique s'empara de toutes les classes de la population alsacienne. Depuis quelque temps déjà, celle-ci pressentait inévitable la lutte avec nos voisins[2]. Les Badois et les Rhénans qui séjournaient nombreux dans notre contrée[3] ne se gênaient pas, fussent-ils simples

---

1. Tous les députés du Bas-Rhin votèrent avec 'a majorité.
2. « Le Rhin n'est pas une frontière, il nous faut les Vosges, » disait-on de l'autre côté du fleuve.
3. Beaucoup se retrouveront, comme réservistes, avec les troupes badoises qu'ils guideront dans le pays.

manœuvres, pour déclarer à tout propos que nous allions bientôt redevenir Allemands [1].

Les esprits réfléchis ne méconnaissaient pas la puissance de notre ennemi, car les relations de l'Alsace avec l'Allemagne étaient constantes; mais, puisque l'épée avait été jetée par la France dans la balance, la résolution de prendre parti dans la lutte prédominait dans tous les cœurs.

On avait toute confiance dans les déclarations du Gouvernement, et l'on comptait fermement sur la valeur de notre armée, sur la prétendue supériorité de son armement, sur les mitrailleuses dont on avait tant vanté la puissance meurtrière. Personne ne pensait que la victoire pût nous devenir infidèle : ne nous avait-elle pas suivi partout dans les dernières guerres?

L'appel des soldats libérés, formant la réserve de l'armée active, fit soudain apparaître le désordre qui régnait dans la mobilisation; et ce fut une première déception parmi nos populations. Accourus au premier signal, les hommes traînèrent des journées entières dans les villes avant de rejoindre les dépôts [2] des corps où ils avaient servi, et ceux-ci étaient presque tous

---

[1]. Leur arrogance semblait bien résulter d'un mot d'ordre, et on en était las.

[2]. Ces dépôts se trouvaient souvent dans les régions les plus opposées aux emplacements qu'occupait la portion active.

éloignés de la frontière où les troupes devaient se masser.

Bientôt commença le passage des régiments qui se concentraient à Strasbourg. Nos belles troupes d'Afrique, les zouaves et les turcos, les vainqueurs de Crimée, d'Italie, du Mexique, vinrent prendre place au premier rang sous les ordres du maréchal de Mac-Mahon. La population se portait à la gare pour leur faire ovation et leur prodiguait victuailles et boissons. Plus d'un vieux Schlestadtien sentit son cœur battre d'une émotion patriotique en revoyant ces aigles sous lesquelles il avait lui-même servi et fait des campagnes glorieuses !

Puis on songea aux blessés qui allaient sans doute arriver après les premiers combats. Les dames de la ville confectionnèrent des bandes et des compresses ; les enfants des écoles tirèrent de la charpie. Les dons en argent et en nature affluèrent au comité qui s'était constitué. Les élèves du collège et des écoles primaires renoncèrent aux prix qui devaient bientôt leur être distribués, en demandant au maire que la somme affectée à leur acquisition fût consacrée au soulagement des soldats blessés.

Le 6e régiment de lanciers n'allait pas tarder à quitter la ville : il devait former, avec le 2e lanciers de Haguenau, la brigade de cavalerie légère du 1er corp d'armée. Le 17 juillet, les 1ᵉʳ et 3ᵉ escadrons[1] partirent pour surveiller la rive du Rhin depuis Marckolsheim jusqu'à Strasbourg. L'état-major et les deux autres escadrons ne partirent que le 4 août[2].

La classe de 1869 fut appelée sous les drapeaux par décret du 29 juillet. Les jeunes gens de l'arrondissement, convoqués pour le 8 août à Strasbourg, purent encore entrer dans cette ville. Ils furent incorporés dans les dépôts des 18ᵉ et 96ᵉ régiments d'infanterie et au 87ᵉ, seul régiment de l'armée active demeuré dans la forteresse.

II. — LA GARNISON DE DÉFENSE.

L'état-major de la place de Schlestadt était ainsi constitué, le 15 juillet 1870 :

Commandant de place : comte de Reinach-Foussemagne, chef d'escadron de l'état-major des places.

Adjudant : capitaine Speitel.

Commandant de l'artillerie : chef d'escadron Bouhin.

Chef du génie : chef de bataillon Cahen.

---

1. Réunis à Strasbourg en fin juillet, ils assistèrent à la charge de Morsbronn conduits par le capitaine Pouëtte, qui fut tué à leur tête.

2. Ils n'arrivèrent sur le champ de bataille de Froeschwiller que pour protéger la retraite des troupes par la vallée de Brumath sur Saverne.

Le commandant Bouhin fut remplacé d'urgence, le 28 juillet, par le chef d'escadron Pinot; et le capitaine Derbès fut adjoint au chef du génie.

En dehors des lanciers, tout à leurs préparatifs de départ, il n'y avait aucune troupe pour garder la forteresse et en assurer l'armement.

Le 20 juillet, le général Ducrot, qui commandait la 6e division militaire à Strasbourg, télégraphiait au ministre de la Guerre : « Il y aura demain à peine cinquante hommes pour garder Neuf-Brisach et le fort Mortier; Schlestadt est également dégarni. C'est la conséquence des ordres que nous exécutons. Il sera facile de trouver des ressources dans la garde nationale mobile et sédentaire ; mais je ne me crois pas autorisé à rien faire, puisque Votre Excellence ne m'a donné aucun pouvoir. »

L'appel de la garde mobile, voté le 15 juillet, ne tarda pas à être promulgué : celle du Bas-Rhin fut répartie dans les places fortes de la division par ordre du général Uhrich qui venait de prendre le commandement à Strasbourg (21 juillet).

Le dépôt du 6e lanciers (2e escadron), qui restait à Schlestadt, comprenait 12 officiers, 285 hommes, et 170 chevaux : il était commandé par le chef d'escadron Challot, major du régiment. Le 31 juillet arriva de Haguenau le dépôt du 2e lanciers (4e escadron), comptant 10 officiers, 163 hommes et 149 chevaux; il fut renforcé par l'arrivée de recrues. Le chef d'escadron Legrand-Dussaule, major, en était le chef.

Du 1ᵉʳ au 5 août se formèrent dans la place pour être affectés à sa défense :

1° Le 2ᵉ bataillon de garde mobile du Bas-Rhin, sous le commandement du chef de bataillon baron de Reinach-Werth, à l'effectif de huit compagnies de 150 hommes;

2° Quatre batteries d'artillerie de la garde mobile du département (1, 2, 4 et 5, capitaines Perfetti, Stoffel, Juliers et Magnier).

Une section du génie (sous-lieutenant auxiliaire Ch. Risacher[1]) fut constituée avec des hommes pris dans l'infanterie de la mobile.

Le 7 août, le capitaine Morio amenait de Grenoble la demi-deuxième batterie du 6ᵉ régiment d'artillerie à l'effectif de 60 hommes[2] (ordre du général Uhrich). Des artilleurs échappés de Frœschwiller doublèrent

---

1. Ingénieur à Paris.
2. « Les places de la direction de Strasbourg souffrent de la pénurie absolue du personnel destiné à leur défense. Je pense qu'il faudrait envoyer à Schlestadt une demi-batterie montée, une batterie à pied et une demi-compagnie du train. L'armement sera fait rapidement et sera bien exécuté. La garde mobile apprendra son métier, et, *au bout de quelques semaines, on trouvera ici des troupes d'artillerie excellentes.* (»Rapport du général Forgeot, commandant l'artillerie du 1ᵉʳ corps au général Soleille, commandant l'artillerie de l'armée, 3 août 1870.)

presque ce nombre avec des volontaires anciens soldats.

Enfin des fantassins, des zouaves et des cavaliers isolés vinrent constituer un noyau de militaires de l'armée active[1] qui assurèrent le service de garde pendant que l'on instruisait les mobiles.

Les lanciers, dont le commandant de place avait en vain demandé le remplacement par des troupes d'infanterie, furent armés de fusils pour concourir au service à pied ou exercés au maniement du canon.

On chercha à remédier à l'insuffisance numérique de la garnison en créant, le 12 août, un bataillon de garde nationale sédentaire[2] que commanda le capitaine en retraite André. Il comprenait trois compagnies et 250 hommes qui assurèrent la garde intérieure. Une 4ᵉ compagnie fut constituée par l'adjonction des sapeurs-pompiers sous les ordres de M. Ringeisen, architecte de la ville.

Enfin des jeunes gens de 16 à 18 ans, la plupart élèves du collège, formèrent une compagnie de francs-tireurs qui eut pour capitaine M. A. Prêcheur[3]. Armés

---

1. Strasbourg évacua sur Schlestadt, le 4 et 5 août, soixante soldats blessés ou malades.
2. Un décret du 7 août appela dans la garde nationale sédentaire tous les citoyens valides de 30 à 40 ans.
3. Marchand de bois près du chemin de fer. Son lieutenant fut C. Muller, actuellement conservateur honoraire des forêts.

comme les mobiles, ils s'acquittèrent des services d'avant-postes.

Le 14 août, le sous-intendant militaire Thiévard arriva de Colmar pour diriger les services administratifs; et le 1ᵉʳ septembre, le capitaine d'artillerie Mouron, en retraite à Epfig, vint se mettre à la disposition du commandant de l'artillerie dont il devint l'adjoint.

Le 12 septembre, une dépêche du commandant supérieur au ministre de la Guerre accusait un effectif de 2654 hommes dans la place[1] :

2ᵉ régiment de lanciers	330
6ᵉ —	290
6ᵉ — d'artillerie	95
Artillerie de la garde mobile	280
Infanterie (2ᵉ bataillon G. M.)	1 170
Militaires isolés	89
Garde nationale sédentaire	400

Cet effectif devait encore s'accroître de quelques hommes évadés de Strasbourg; mais il perdit une centaine de cavaliers qui conduisirent à Belfort les chevaux des lanciers. Au fur et à mesure que l'occupation

---

[1]. « A Schlestadt, la garnison est faible, il arrivera un moment où son insuffisance, déjà signalée à l'autorité militaire, pourra avoir de fatales conséquences. » (Préfet du Haut-Rhin à Guerre, Colmar, 23 août 1870.)

ennemie s'étendait dans l'arrondissement, les gendarmes rentraient dans la ville pour se placer sous les ordres de leur capitaine.

Les gardes forestiers, mis à la disposition des autorités militaires dès le 10 août, sous la direction de leur garde général, M. Osterberger, assurèrent les communications de la place avec l'extérieur et ne cessèrent de fournir des renseignements précieux au commandement.

C'est avec tous ces divers éléments que Schlestadt devait se mettre en état de défense pour lutter contre l'ennemi. Celui-ci ne tenta rien pour s'emparer de la place au début des hostilités; quand il vint l'assiéger en octobre, les remparts étaient armés et la garnison était prête.

III. — LES GARDES MOBILES [1].

Infanterie. Le 2e bataillon du Bas-Rhin, affecté à la place de Schlestadt, ne comprenait que des jeunes gens de l'arrondissement; il était commandé par le baron de Reinach-Werth [2]. Les officiers subalternes et

---

1. Voir dans l'appendice III quelques détails sur la création de la garde mobile.
2. Sous-lieutenant de cavalerie démissionnaire.

les cadres inférieurs, qui n'étaient pas constitués, furent désignés dès la réunion du bataillon.

A leur arrivée, les hommes furent habillés et équipés, puis immédiatement exercés au maniement du fusil et au tir : on allait au plus pressé. On les arma du fusil transformé, dit à tabatière, se chargeant par la culasse, crachant quelque peu, s'encrassant moins que le chassepot; une arme lourde, mais encore convenable dont surent tirer parti bien des soldats improvisés, chasseurs dans leurs loisirs.

Les mobiles n'avaient jamais été astreints à une période d'instruction, mais leur bonne volonté était générale. Dans chaque unité, les officiers et les sous-officiers, qui avaient appartenu à l'armée, furent, à peine nommés de la veille, les instructeurs de leurs camarades. Tous se mirent avec ardeur au travail et bientôt l'instruction des hommes put être menée rapidement. En octobre, le bataillon avait déjà bonne allure pour une troupe de conscrits[1]; on ne pouvait leur faire le reproche de n'être pas encore de vrais soldats dont l'éducation professionnelle et morale exige d'autres soins. On sentait cependant que, soutenus par l'idée du devoir, ces jeunes gens feraient tout leur possible;

---

[1]. Il faut dire qu'il s'était produit, jusqu'à cette époque, des désertions encore assez nombreuses parmi les gardes mobiles, fantassins et artilleurs, affolés par les nouvelles qui leur parvenaient du dehors. La troupe se trouva ainsi épurée de mauvais soldats.

ils défendaient leur propre sol, et aucun ne voulait rester en arrière de son camarade : il y eut peu de défaillances non plus que chez les artilleurs.

Artillerie. L'arrondissement avait fourni deux batteries d'artillerie (n° 1 et 2) auxquelles vinrent s'adjoindre les batteries 4 et 5 de Strasbourg-campagne, commandées par les capitaines Juliers et Magnier [1].

Les batteries 1 et 2 avaient pour chefs les capitaines Perfetti [2] et Stoffel, Jules [3]; les cadres de sous-officiers comprenaient quelques anciens artilleurs et un certain nombre de jeunes gens de la ville qui avaient tous fréquenté le collège. Les hommes étaient originaires de la ville ou des environs immédiats [4].

Guidés et secondés par les officiers et les sous-officiers de la batterie Morio, les artilleurs de la mobile se mirent résolument à l'œuvre afin de se familiariser avec un service si nouveau pour eux. Tout en suivant des cours d'instruction sur le service des bouches à feu, ils contribuèrent à l'armement des remparts.

Dresser des chèvres; descendre des pièces de leurs anciens affûts; les replacer sur des affûts perfectionnés; construire des plates-formes de siège pour canons, obusiers et mortiers;

---

1. Anciens adjudants d'artillerie.
2. Capitaine d'infanterie en retraite.
3. Avocat à Schlestadt.
4. D'Ebersheim et des villages de la montagne.

former avec des fascinages des gabions et des saucissons ; en revêtir les embrasures des pièces : tout cela parut un jeu pour nos artilleurs improvisés mais vigoureux. Le travail avança rondement et en trois semaines tout fut prêt, bien ordonné, à la grande satisfaction du commandant Pinot qui, pourtant, n'était pas prodigue de compliments.

Nos compatriotes, élevés au son du clairon et au bruit du tambour dans la petite ville, qui dès leur jeunesse couraient aux remparts et s'intéressaient aux exercices des artilleurs, pour qui, plus tard, le jeu le plus attrayant était de se livrer des batailles rangées sur les glacis ou sur les redoutes, n'étaient pas les moins ardents et les moins habiles à la besogne.

Ils jouaient cette fois au soldat pour de bon ; ils touchaient à ces grosses pièces dont un factionnaire, autrefois, les écartait impitoyablement quand elles étaient rangées, inoffensives, sur la courtine en face des casernes. Ils surent bien vite s'en servir et leur courage ne fut pas moindre que celui de leurs aînés de 1814 (Lt. Vatin).

L'instruction avait marché rapidement[1] et bientôt l'arrivée des patrouilles ennemies permit d'appliquer les théories qui avaient été inculquées à la hâte pendant que les autres travaux étaient menés de front. L'école de tir des canonniers était journalière, car on ne ménageait pas la poudre. La cible était l'ennemi qui rôdait autour de la place.

1. Voir la note 2 de la page 32.

Discipline. Si dans l'accomplissement de leurs devoirs les gardes mobiles mettaient une bonne volonté que l'on doit proclamer, la discipline laissait parfois à désirer dans leurs rangs, du moins aux débuts [1]. Beaucoup de jeunes gens, qui n'avaient jamais quitté leurs villages, ne parlaient que le patois alsacien et cela rendait souvent les rapports imprévus avec les chefs [2].

La situation des officiers et des sous-officiers nommés de la veille, vis-à-vis de leurs inférieurs, fut quelque peu délicate dans les premiers jours. Aussi jeunes que leurs soldats, de la même région ou de la même localité, souvent liés avec eux par des relations de camaraderie que comprendront bien ceux qui connaissent les mœurs démocratiques de notre Alsace, et, plus encore, ne s'imposant pas à leurs subordonnés par leur instruction technique et militaire, les gradés durent montrer beaucoup de tact pour acquérir l'ascendant qu'ils devaient posséder.

1. Le major de la garnison, le commandant Dussaulle, demanda « dans l'intérêt de la discipline quelque peu relâchée dans la garnison, que les tables des officiers et sous-officiers de la garde mobile fussent distinctes, selon les dispositions si sages de l'ordonnance du 2 novembre 1833 ».

2. On racontait à ce sujet une histoire plaisante. Sentinelle près d'une poudrière, dans la nuit, un de nos jeunes mobiles vit venir un homme porteur d'un falot. Il avait consigne de ne laisser passer personne. « Halte-là ! Qui vif ? — France. — Ja, mer derft net dorich ; der Offezier het's g'saït. — Ronde d'officier ! On lui répète en patois : *Ron'd ?* — Ja, besch ron'd oder eckik, za gesch mer, gottverdammi, net dorich. Awack oder ich stech. » L'intervention de l'officier qui suivait put calmer notre guerrier novice. Cette scène perdrait toute sa saveur locale à être traduite.

Les débuts du commandement ne furent pas aisés pour notre inexpérience ; mais au bout de quelque temps, une entente chaque jour un peu plus cordiale s'était établie entre les cadres et la troupe. Elle se transforma même, en face du danger commun, en une excellente camaraderie entretenue par le tutoiement auquel les gradés n'avaient pas renoncé vis-à-vis de leurs compatriotes (Lt. Vatin).

IV. — L'ARMEMENT.

Schlestadt possédait pour armer ses remparts 122 bouches à feu de tous calibres et de toute ancienneté, savoir :

Canons rayés de 24 de place	9
— 12 —	15
— 12 de siège	9
— 4 de campagne	17
Canons lisses de 16 l.	15
— 12 l.	23
Obusiers de 22 l.	7
— 15 l.	6
Mortiers de 27 cm.	7
— 22 cm et 15 cm	14

Les obus, les boîtes à mitrailles, les bombes étaient en provision considérable ; il y avait encore des boulets pleins ! Les magasins étaient remplis de poudre [1]. Les arsenaux Sainte-Barbe et Saint-Hilaire contenaient 1 700 fusils à tabatière et 3 000 carabines Minié, abondamment pourvus de cartouches [2].

Notre artillerie offrait le grand inconvénient d'être trop disparate ; de plus, elle était en état d'infériorité marquée sur celle de l'ennemi. On s'en était tenu au canon modèle 1859. La transformation des anciens canons lisses et obusiers de place n'était même pas achevée.

Les Allemands n'amenèrent devant la place que des canons rayés de types récents [3]. Notre artillerie rayée avait une portée presque aussi grande que les pièces similaires de l'ennemi ; mais celles-ci avaient un tir plus rapide, mieux réglé et d'une efficacité plus certaine. Ces avantages étaient dus au mode de chargement des pièces, à la structure des obus et surtout à la supériorité des fusées qui provoquaient l'éclatement des projectiles [3].

1. Un convoi de poudre destiné à Strasbourg dut rentrer le 8 août à Schlestadt.
2. Il restait aussi 3 000 fusils lisses, et un dépôt de 600 000 cartouches pour fusil Chassepot.
3. Le modèle nouveau du canon allemand était connu depuis 1867 par l'état-major français (général Lebrun). L'étude comparative de l'artillerie française et allemande forme le 4e appendice. Elle est nécessaire pour se rendre compte de la rapide destruction de l'armement de la place.
Ajoutons que le canon rayé, auquel nous devions en partie le succès

Le dispositif des batteries fixes françaises était, en plus, défavorable pour la défense : les embrasures larges et profondes servirent de cible à l'ennemi. Quand nos pièces tiraient par-dessus l'épaulement, elles restaient à découvert ainsi que les servants. L'artillerie allemande avait des affûts surhaussés pour ses pièces de siège qui tiraient à barbette derrière un parapet élevé à hauteur d'homme. La plongée des talus restait à peu près horizontale et l'intérieur du parapet était à peine évasé : la bouche seule du canon était en prise aux projectiles ennemis. Grâce à cette disposition que permettait le mode de chargement par la culasse, les pièces et leurs servants étaient relativement à couvert.

dans la campagne d'Italie (1859), etait dû à la collaboration de l'Empereur et du lieutenant-colonel d'artillerie Treuille de Beaulieu, né à Schlestadt, où résidait sa famille.

Le colonel, novateur très hardi, proposa dès 1848 au comité de l'arme de construire des canons d'acier dans lesquels il combinerait les rayures avec un mode de fermeture permettant le chargement par l'arrière. Ce n'est qu'en 1859 que le canon rayé fut adopté, mais en maintenant le chargement par la bouche. (*L'artillerie moderne*, par E. Buat). Le colonel créa, plus tard, un fusil se chargeant par la culasse dont on arma les cent-gardes.

Nous ajouterons à cela que, plus récemment, un des principaux collaborateurs du colonel Lebel, qui dota notre infanterie du fusil modèle 1886 dont elle est encore armée, fut aussi un Schlestadtien. C'est le général Vonderscherr, alors capitaine à l'École normale de tir du camp de Châlons.

CHAPITRE III

MISE EN ÉTAT DE DÉFENSE

I. LE CONSEIL DE DÉFENSE. — II. ARTILLERIE ET GÉNIE. — III. — SERVICES ADMINISTRATIFS. — IV. SERVICE DE SANTÉ.

I. — LE CONSEIL DE DÉFENSE.

Les événements trouvèrent la forteresse désarmée tout comme l'était Strasbourg. Dans cette place de premier ordre, le soir du 6 août, on dut fermer précipitamment les portes, appeler les soldats aux armes en battant la générale dans les rues et traîner des canons sur les remparts afin d'empêcher un coup de main de l'ennemi : un parti de dragons badois avait pu s'avancer presque sous les murs de la ville[1].

Dès le 13 juillet, le ministre de la Guerre avait

« 1. Des règlements surannés voulaient en effet qu'on attendît une déclaration de guerre avant de mettre nos forteresses seulement en état de premier armement ou armement de sûreté. » (général Lebrun).

prescrit des travaux considérables aux fortifications de Schlestadt en vue de la réfection des courtines, des bastions et de leurs cavaliers [1].

L'état-major de la place prit les mesures nécessaires pour mettre sans désemparer la ville en état de défense. Tout était à faire sous ce rapport, et les défaites de l'armée française en Alsace rendirent bientôt ces travaux particulièrement urgents.

Le 7 août, l'intendant militaire du 7ᵉ corps, qui se trouvait à Mulhouse, reçut l'ordre de jeter, dès le lendemain, trente mille rations de vivres de campagne dans la place ; et le ministre le prévenait qu'il aurait ensuite à la ravitailler plus complètement.

Le conseil de défense se réunit pour la première fois le 12 août. Il se composait de :

MM. de Reinach-Foussemagne. . . . *Président.*
Commandant Pinot . . . . *Membres.*
—   Cahen. . . . .   —
—   Legrand-Dussaule . . .   —
—   de Reinach-Werth . . .   —

Le sous-intendant M. Thiévard en fit partie à dater de son arrivée, le 14 août.

Le conseil décida que : « quoiqu'il pût arriver, la

---

[1]. Des crédits s'elevant à 71 000 francs y furent affectés.

place ne se rendrait qu'à la dernière extrémité, après avoir prouvé à l'ennemi que, même avec de mauvaises armes, on peut combattre bravement ».

Déjà, sous l'impulsion du commandement, tout le monde s'était résolument mis à l'ouvrage.

II. — ARTILLERIE ET GÉNIE.

Pendant que le Génie procédait, dès le 21 juillet, avec l'aide de 200 habitants, à l'amélioration ou à la réfection des parapets et des cavaliers, blindait les magasins à poudre, mettait en état les écluses et les batardeaux pour faciliter les inondations, palissadait les chemins couverts dans le voisinage des trois portes, et plaçait les grilles d'entrée et de sortie des canaux qui traversaient la ville, l'artillerie poursuivait l'armement avec la plus grande activité.

En partant du bastion 28, on remplaça tous les affûts et plates-formes du modèle Gribeauval des pièces de 24, aux saillants, par des plates-formes d'affûts « place et côtes ». Les premières pièces étaient en position le 7 août, munies chacune de soixante projectiles. Huit citoyens de la ville, anciens canonniers, avaient coopéré à ce travail que poursuivirent les artilleurs du capitaine Morio et de la garde mobile [1].

L'arsenal du *Grand Couvert*, près de l'usine à gaz, avait été converti en atelier de chargement. Au fur et à mesure que de nouvelles pièces étaient mises en batterie, elles devaient être pourvues de munitions à raison de 60 coups par pièce : les charges et les projectiles étaient déposés dans les traverses-abris des remparts [2].

Le 8 août, on commença l'abatage des arbres qui bordaient la route de Marckolsheim, depuis la redoute 12 jusqu'à la forêt; et le 12, les inondations inférieure et supérieure étaient tendues.

Il fallut alors dégager les abords immédiats de la place. On confia cette besogne aux artisans de la ville qui y procédèrent en commençant par les deux premières zones. Les arbres furent coupés, les clôtures des jardins et les maisonnettes furent démolies; on coucha les vignes [3] après avoir enlevé les échalas. Les 13 et 14 août tombèrent sous la hache les 200 tilleuls de la promenade.

On abattit ensuite les arbres qui bordaient les routes : au nord, jusqu'au Giessen ; au sud, jusqu'aux

---

[1]. Les forêts de l'Ill et de la Hardt fournirent les fascinages pour l'établissement des batteries.

[2]. On les disposa dans des compartiments différents suivant les calibres et dans l'ordre de succession des pièces sur les remparts.

[3]. Les vignes devaient tout d'abord être coupées. (Lieutenant Risacher.)

Deux-Clefs ; à l'ouest, jusqu'au tournant de la route de Châtenois. Le commandant de l'artillerie demanda, le 15, que le travail fût vivement poussé du côté de la porte de Strasbourg. Il pensait, en effet, que cette porte serait probablement choisie par l'ennemi pour sa pre-

LA REDOUTE 12 ET LA STEINER-KREUZ-BRUCKE.
Dessin de L. Gentil, d'après une photographie.

mière attaque, étant donnée la position actuelle de ses troupes.

En raison de l'insuffisance de la garnison, le conseil de défense dut se résoudre, le 18 août, à abandonner les lunettes extérieures[1] à l'exception de la redoute 12 et de l'ouvrage 111 qui protégeaient le grand barrage de Schiffweg ; on affecta à la défense

1. Ces lunettes venaient d'être restaurées.

de ces derniers un sous-officier d'artillerie avec quinze hommes et trois pièces de 4.

Les demi-lunes qui couvraient les portes furent seules armées. Les autres furent démantelées ainsi que les réduits des lunettes abandonnées. On mura extérieurement les poternes correspondantes, à un mètre d'épaisseur.

Les travaux de déblaiement n'avançant pas assez vite, on démolit à coups de canon et incendia, les 23 et 24 août, la gare et les maisons bâties dans les zones militaires [1]. Le 24, on coupa l'aqueduc et supprima le pont dormant en avant de la porte de Strasbourg. Les entrées en ville ne se firent plus que par la porte de Colmar.

Le 28, on commença le blindage des magasins militaires, et l'artillerie transporta une bonne partie de la poudre existant dans le magasin du bastion 29, dans le magasin du bastion 33, moins exposé. Le 29, le Génie inonda les prairies municipales, et la nappe d'eau atteignit la lisière des bois.

[1] En 1814, le commandant Schweisguth avait fait abattre les arbres des remparts, couper les vignes et les haies des jardins, incendier les maisons qui se trouvaient dans les limites des fortifications, les belles auberges de la *Maison-Rouge*, de la *Poste aux chevaux* et du *Roi de Pologne*.

III. — SERVICES ADMINISTRATIFS.

Subsistances militaires. Dès son arrivée, le sous-intendant se mit en mesure de réunir les approvisionnements que le conseil de défense estimait nécessaires pour un effectif de 2 500 hommes et 200 chevaux pendant 60 jours au maximum.

Des achats sur place devaient compléter les 360 000 rations de toutes sortes qui étaient annoncées par l'intendant militaire du 7ᵉ corps[1]. Le préposé aux fourrages reçut l'ordre de porter à la limite maxima ses réserves[2].

Du 17 au 20 août, on constitua un parc de

---

[1]. Le convoi arriva le 19 août et comprenait :

369	caisses de biscuits	30 000 rations
1 048	sacs de farine.	300 000 —
608	pains de sucre.	385 000 —
44	fûts de vin (86 hectolitres). . . .	60 000 —
113	fûts d'eau-de-vie (150 hectolitres).	260 000 —
50	quintaux de sel.	312 000 —
215	sacs de riz	350 000 —
160	quintaux de café.	375 000 —

Des négociants de Colmar fournirent 10 fûts de vin (70 hectolitres), 15 quintaux d'huile à brûler et 32 kil. 500 de mèche à brûler.

[2]. Soit 2 000 quintaux de foin, 1 500 quintaux de paille et 1 200 quintaux d'avoine.

164 têtes de bétail qui fut augmenté de 47 nouvelles bêtes[1]. Des réquisitions adressées aux maires de quinze communes voisines pour obtenir 321 bêtes furent contrariées par l'approche de l'ennemi. On installa les animaux dans l'église des Récollets et dans le magasin à bois de la demi-lune 26 ; les vaches laitières furent confiées à des particuliers qui purent disposer du lait. On réserva au troupeau les herbages des remparts et on emmagasina 800 quintaux de paille et 1 000 quintaux de foin dans le manège de cavalerie contigu aux casernes.

Les vivres furent répartis dans les caves du Pavillon militaire[2] et de la sous-préfecture ainsi que dans les magasins de la manutention militaire[3] et de la halle aux blés. L'un des fours de la manutention fut protégé par une rangée de sacs de farine disposés tout autour sur une hauteur de deux mètres. De son côté, la municipalité avait fait provision de farine[4] en contractant un emprunt de 8 000 francs puisque la caisse du Trésor, dégarnie, ne pouvait plus lui faire d'avance. Quelques jours après, un détachement de 10 gendarmes à cheval et de 25 lanciers se rendit à Colmar chercher des fonds à la Trésorerie générale.

1. Elles furent payées 26 034 et 12 228 francs.
2. Ancien collège des Jésuites construit en 1758 et 1768.
3. Ancien couvent des Récollets.
4. 1079 quintaux au prix de 50 francs les 100 kilogrammes.

Un nouveau convoi de vivres arriva de Belfort le 26 août[1]. Le même jour, le sous-intendant reçut enfin l'ordre de procéder aux achats nécessaires pour habiller trois cents gardes mobiles qui étaient toujours dépourvus de tenue militaire.

IV. — SERVICE DE SANTÉ.

En vertu d'un contrat de l'année 1807[2], l'autorité militaire avait le droit de disposer, en cas de guerre, de 200 lits à l'hôpital civil dont le rez-de-chaussée fut installé en conséquence, et même blindé dès le 26 août. Les services de chirurgie et de médecine restaient confiés aux deux médecins civils titulaires[3]. Deux élèves de 4ᵉ année de l'École du Service de santé militaire[4] furent attachés, dès le 3 août, comme sous-aides, au service sanitaire de la Place.

Le médecin aide-major Rapp, qui avait appartenu au 74ᵉ régiment d'infanterie, fut désigné, après Wis-

---

1. Il comprenait du lard salé, six quintaux de café vert et un quintal de café torréfié.
2. L'ancien hôpital militaire *der walsch Spetâl*, bâti par la ville en 1703 devant les casernes, fut désaffecté.
3. Les docteurs Mistler et Wendling : le premier faisait partie du comité des approvisionnements.
4. MM. Gircourt et J. Gentil; ce dernier médecin-major de 1ʳᵉ classe en retraite à Nancy.

sembourg, pour assurer le service sanitaire des troupes de la garnison ; il lui fut adjoint un aide[1] pris dans la mobile.

Le Dr Rapp devint médecin en chef de l'ambulance sédentaire qui fut constituée plus tard.

Les médecins sous-aides lui furent adjoints ainsi qu'un sergent et quelques infirmiers militaires.

En fin août, les travaux de défense étaient à peu près terminés. Les remparts étaient garnis de cent bouches à feu ; les munitions étaient abondantes et il existait des vivres de réserve pour plus de soixante jours.

1. Le Dr Hirtz Edgar, actuellement médecin à l'hôpital Necker à Paris.

CHAPITRE IV

LES ÉVÉNEMENTS D'AOUT

I. PREMIÈRES ALERTES. — II. L'AFFAIRE DE THANVILLÉ. — III. LA ZONE MILITAIRE. — IV. LES DERNIERS JOURS D'AOÛT.

I. — PREMIÈRES ALERTES.

Les travaux de la défense ne furent pas sans être troublés par quelques alertes. L'état de siège venait d'être déclaré le 7 août lorsque, dans la soirée, le maire de Marckolsheim prévenait le sous-préfet[1] que les Allemands, massés au Sponeck, allaient passer le Rhin. La générale retentit dans les rues de la place et les jeunes soldats, armés à la hâte, passèrent la nuit sur les remparts. Aucune troupe ennemie ne traversa le fleuve : quelques bataillons de landwehr wurtembergeois étaient venus dans le Brisgau faire une dé-

1. M. Peloux etait à Schlestadt depuis 1864. Il transmit la nouvelle au ministère sans la vérifier.

monstration contre les détachements du 7ᵉ corps français. Cependant en prévision d'une attaque possible, les portes de la ville restèrent fermées, sauf une demi-heure, de deux en deux heures, dans la journée seulement.

La division badoise[1], qui était venue investir Strasbourg, le 11 août, envoyait de fréquents détachements pour surveiller ses arrières; bientôt Schlestadt verra paraître leurs patrouilles dans ses environs immédiats[2]. Redoutant les agissements de leurs espions, le commandant supérieur institua le capitaine de gendarmerie prévôt de la place, avec mission de surveiller les allées et venues des personnes étrangères; on défendit, même aux femmes et aux enfants, l'accès des remparts et des chemins de ronde.

Le 16 août, pendant que deux escadrons de cavalerie badoise se dirigeaient par Barr vers Saint-Maurice pour surveiller la vallée[3], des détachements de 30

---

1. Demeurée en réserve le 6 août, cette division fut destinée à jouer, derrière les armées allemandes, le rôle que leurs pères avaient déjà joué en 1814 et 1815 derrière les Russes de Wittgenstein et les Autrichiens de Schwartzenberg et qui avait essentiellement consisté à ruiner les défenses et les richesses de l'Alsace. (*La guerre de 1870.* Section historique.)

2. Le 15 août, 50 dragons badois jaunes vinrent détruire le telégraphe à la gare de Benfeld et se répandirent en reconnaissance dans toutes les directions.

3. Le général v. Werder avait eté informé par le quartier général de la 3ᵉ armée qu'un corps d'armée français commandé par de Failly s'a-

à 40 hommes occupèrent Dambach, Barr et Benfeld, rançonnant ces petites villes, désarmant leur population et opérant des réquisitions dans toutes les localités voisines; leurs éclaireurs vinrent jusqu'aux portes de Schlestadt. Le commandant supérieur résolut d'arrêter ces incursions afin d'empêcher la place d'être serrée de trop près.

Le 17 août, à six heures du matin, il envoya les 7ᵉ et 8ᵉ compagnies de gardes mobiles, avec 30 lanciers, faire une sortie sur la route de Strasbourg dans l'espoir de capturer un parti de dragons qui lui avait été signalé; mais ceux-ci avaient pu se retirer avant l'arrivée des Français.

II. — L'AFFAIRE DE THANVILLÉ.

Le capitaine Stouvenot, de la 8ᵉ compagnie, ancien militaire médaillé, s'était dirigé vers une heure de l'après-midi, du côté de la montagne avec le sous-lieutenant Minicus et 48 hommes choisis. De sa propre

---

vançait par Charmes et Épinal pour dégager Strasbourg. Il ne laissa qu'un rideau de troupes devant la forteresse, et porta ses régiments à la fourche des routes de Schirmeck et Barr. Sa cavalerie explora les vallées des Vosges. Dès le 17, rassuré qu'il ne serait pas attaqué, il reprenait le siège; Strasbourg avait vainement attendu la délivrance.

initiative, il poussa sa reconnaissance jusque dans le Val-de-Villé et elle fut couronnée d'un beau succès.

Les gardes mobiles surprirent dans leur bivouac, en face du château de Thanvillé[1], deux escadrons du régiment de dragons badois du corps (n° 20)[2], forts de 230 chevaux, et séparés de leurs officiers qui déjeunaient à l'auberge Held de Saint-Maurice.

Les mobiles abordèrent résolument les dragons, mais ceux-ci eurent le temps de monter en selle avant d'être cernés et se rallièrent sur la route. Après un instant d'hésitation et deux vaines tentatives pour charger en fourrageurs, les dragons s'échappèrent en gagnant le fond de la vallée. Sabrant hommes et femmes qu'ils trouvèrent sur leur passage, ils gagnèrent les bois d'Erlenbach du côté de l'Ungersberg.

Le capitaine avait fait prévenir la place qu'il était fortement engagé dans Thanvillé avec des forces supérieures. Le commandant ordonna aussitôt à la 7e compagnie de se porter à son secours; mais en arrivant à quelques kilomètres du théâtre de la lutte, le capitaine Schmitt rencontra la troupe qui revenait n'ayant qu'un seul blessé. Les habitants firent un accueil chaleureux aux mobiles. Les cavaliers badois, dont quelques-uns avaient travaillé dans le pays ainsi qu'au

---

1. Appartenant à M. de Castex, chambellan de l'Empereur.
2. Commandés par le major v. Kleiser.

château de M. de Castex avant la guerre, eurent 10 hommes tués et une trentaine de blessés qui furent laissés sur place : 5 prisonniers furent ramenés à Schlestadt[1].

Voici le rapport établi par le capitaine Stouvenot :

Arrivés à la station du Val-de-Villé, sur des indications particulières, je me suis retranché le long d'un canal pour surprendre un officier et deux dragons qui venaient sur la route explorer le pays. A cinquante pas de nous, prévenus sans doute de notre présence par une femme, ils tournèrent bride et partirent au galop non sans que l'un deux fût blessé.

Afin d'attaquer en bon ordre, j'ai divisé ma troupe en trois détachements : l'un pour suivre et défendre la route de Scherwiller; les deux autres longeant la forêt de Châtenois; tous les trois devant arriver à un instant précis au village de Thanvillé, à la bifurcation des routes de Barr, Scherwiller et Schlestadt.

Ce mouvement s'est fait avec rapidité et une telle précision que les trois passages ont été coupés au moyen d'une barricade faite par mes hommes au pont de Thanvillé, jonction des trois routes avec celle de Villé.

L'ennemi a poussé trois charges successives pour essayer de forcer le passage; mais les gardes mobiles retranchés et ceux disposés en tirailleurs l'ont forcé à

---

[1]. L'historique du régiment badois dit 1 tué, 1 blessé et 7 prisonniers; une lettre inserée dans un journal badois et écrite par un dragon accuse 2 tués et 4 à 6 blessés.

rebrousser chemin et à avancer dans le Val-de-Villé d'où ils n'ont pu sortir qu'en passant par la montagne, en conduisant leurs chevaux par la bride.

Afin d'éviter une surprise, j'ai rallié le plus grand nombre de mes hommes dans la forêt de Neufbois.

Ceux qui avaient poursuivi les cavaliers ne m'avaient pas rejoint quand est arrivée l'avant-garde de la 7ᵉ compagnie. Ces hommes, étant du pays, connaissent parfaitement les lieux et sont à l'abri.

Nous avons ramené 5 prisonniers : plusieurs blessés sont restés à Saint-Maurice. L'ennemi doit avoir une dizaine de tués et j'ai pu voir qu'il y avait de nombreux blessés.

Je ne saurai trop féliciter le courage de nos jeunes gardes mobiles qui, voyant le feu pour la première fois, se sont conduits comme les meilleures troupes.

Je dois vous signaler tout particulièrement le lieutenant Minicus et les sergents Killer et Steiner pour la bravoure et la façon intelligente avec laquelle ils ont conduit leur détachement[1].

Le lendemain il manquait 47 dragons à l'appel; on les crut tués, et cela décida v. Werder à exercer de violentes représailles, car il croyait que les paysans avaient secondé les gardes mobiles[2].

---

1. D'après une lettre du capitaine à un de ses amis, il aurait été blâmé à son retour dans la place de s'être aventuré aussi loin. Mais le ministre lui adressa une lettre d'éloges et il fut décoré après la guerre.
2. Plusieurs étaient vêtus de blouses bleues faute de vareuses.

Une voiture d'ambulance allemande vint d'abord, le 18, chercher les blessés badois. Elle fut suivie par le 2ᵉ bataillon du 5ᵉ régiment d'infanterie badois qui arrivait par Eichoffen. Les soldats se répandirent dans les villages de la vallée, réquisitionnant à outrance, pillant au besoin, faisant des arrestations et fusillant même des malheureux soupçonnés d'avoir tiré sur les dragons. A Thanvillé, quatre pères de famille furent exécutés ensemble. « Ne faites quartier à personne, fut l'ordre du commandant[1]. »

M. de Castex, considéré comme le chef du mouvement, fut condamné à mort par contumace; son château fut pillé; des vases de Sèvres de grande valeur furent brisés; la tenue de général de l'Empire du père fut lacérée[2].

Villé fut rançonnée sans pitié; partout on emmena comme otage des prêtres, des maires, des notables et parmi eux le baron de Cœhorn de Saint-Pierre, ancien député. Ils ne furent relâchés tous que le 2 septembre, sur l'intervention de l'ambassadeur d'Angleterre.

1. C'était le major badois baron v. Rœder, qui avait été arrêté le 12 juillet à Strasbourg comme espion et qui fut relâché par ordre d gouvernement impérial.
2. « In Folge eines Angriffs den bewaffneten Bauern, unter Führung des Grafen Castex, unserer Kavallerie, bei einer Recognoscierung wobei aus Haüsern auf sie geschossen wurde. »
Journal de Schopfheim. Lettre d'un cavalier badois.

III. — LA ZONE MILITAIRE.

A la suite de cette échauffourée et pendant que l'ennemi rétablissait les communications de l'Alsace avec la rive allemande, les éclaireurs firent des apparitions plus nombreuses aux alentours de Schlestadt; ils parurent du côté de la route de Marckolsheim et sur la route de Strasbourg et leurs émissaires vinrent dans la nuit, dit-on, sonder les fossés des fortifications. Il devint nécessaire d'arrêter les travaux que les habitants exécutaient pour achever les dégagements extérieurs.

Les rapports d'espions firent croire au commandant supérieur que l'ennemi allait investir la ville. Le bac de Rhinau[1] venait d'être rétabli pour le passage des troupes et des convois. D'autre part, un détachement badois s'était présenté à Châtenois le 22[2].

Le conseil de défense se décida alors à prendre une mesure nécessaire sans doute, mais dont on avait

---

1. Le commandant de Neuf-Brisach proposa au commandant de Schlestadt d'opérer, par un coup de main, la destruction de ce bac : il n'y fut pas donné suite « faute de troupes suffisantes ».

2. Les éclaireurs traversèrent au galop la grande rue du village. Les femmes qui lavaient au ruisseau s'enfuirent effrayées. L'une d'elles fut apostrophée par un dragon : « He, Trinnel, worom rausch, was macht der Vater ». Il avait travaillé à Châtenois avant la guerre.

suspendu l'exécution jusqu'à la dernière extrémité. Le 23 le Génie reçut l'ordre de raser ou d'incendier tout ce qui restait debout dans l'intérieur des zones militaires, c'est-à-dire de faire disparaître par la hache, ou par le feu, les maisons, jardins, vergers, arbres de toute nature qui se trouvaient dans un rayon de mille mètres autour des glacis.

L'œuvre de destruction commença[1] aussitôt; des équipes d'ouvriers et de soldats se mirent à cette triste besogne que le canon acheva. C'était le sacrifice le plus pénible que dût subir la population : elle s'y résigna sans récriminer dans l'intérêt supérieur de la Patrie.

Le spectacle qui s'offrit à nos regards, pendant ces affreuses journées du 23 et du 24 août, ne peut se décrire. Un immense nuage de fumée incandescente s'étendit sur cette plaine tout à l'heure encore si riante et la couvrit d'un voile noir percé de temps à autre par d'énormes langues de feu. Les flammes enveloppèrent bientôt, de toutes parts, ces belles campagnes; la mine et le canon firent sauter ce que l'incendie n'avait pu détruire.

Le 25 au matin, la zone militaire ne présentait plus aux regards que des ruines fumantes au milieu desquelles errait, dans un morne silence, une population éplorée

---

1. Certains propriétaires n'avaient pas été prévenus à temps. D'autre part, il ne fut procédé à l'évaluation des immeubles que l'on détruisait. (Catala.)

essayant d'arracher aux flammes quelques débris encore brûlants. (De Cambolas.)

La place était dégagée de tous les côtés!

IV. — LES DERNIERS JOURS D'AOUT.

Informé que le pont de Rhinau, si utile pour ses communications, était menacé, Werder détacha, le 25 août, trois mille hommes du secteur sud autour de Strasbourg et renforça momentanément les postes allemands de la rive gauche du Rhin. Les patrouilles circulèrent dans tout le Ried sans être inquiétées.

Pendant ces journées, le bombardement faisait rage à Strasbourg, et les incendies s'y multipliaient; le bruit de la canonnade s'entendait jusqu'à Schlestadt. Le commandant de Reinach pouvait craindre que pareil sort fût réservé à la ville et il prit des mesures pour faire débarrasser les greniers des habitations de tous les menus bois ou fagots si facilement inflammables qui les encombraient[1]; au contraire, les bois de quartier devaient être étalés sur les planchers. Des

---

[1]. On les déposa d'abord dans les rues, qu'ils encombrèrent; aussi les fit-on transporter en partie dans les fossés des lunettes abandonnées, en partie dans les tranchées devant la porte de Colmar et le long de la route de Marckolsheim. Les premiers furent brûlés le 30 août.

cuves remplies d'eau furent placées devant chaque maison ; et un poste de pompiers s'installa en permanence à la mairie.

Le 27 août, le commandant supérieur passa en revue la garde nationale sédentaire qui était organisée et armée [1]; il en fit reconnaître les officiers et les sous-officiers nommés par l'autorité.

Le 28, des fantassins ennemis se montrèrent sur la route d'Ebersheim. Benfeld venait d'être occupé de nouveau, et les dragons rouges battirent sans discontinuer les abords de Schlestadt [2], se répandant dans les villages pour y opérer force réquisitions. Les exactions qu'ils commirent excitèrent la plus vive indignation dans la ville. Les gardes mobiles demandèrent instamment à opérer des sorties pour délivrer les environs des patrouilles badoises. Leur instruction militaire était avancée et leurs bonnes dispositions étaient encore exaltées par le succès qu'avaient remporté leurs camarades de la compagnie Stouvenot.

1. On leur donna des carabines Minié. Leur tenue se composait d'un pantalon bleu avec bande rouge, d'une tunique bleue à double rangée de boutons blancs en métal; le collet bleu, rabattu, était bordé d'une bande rouge garnie de deux grenades; képi bleu.
2. Ils se saisirent d'un zouave sorti en maraude de la ville avec deux jeunes garçons de quinze ans. Le premier fut fusillé à Benfeld et mourut bravement en criant « Vive la France! » Les autres furent rendus à leurs parents.

Mais le commandant supérieur n'avait pas encore confiance dans la solidité de ses jeunes troupes ; et, redoutant qu'un échec vînt jeter la démoralisation parmi elles, il resta sur la défensive.

Le 29 août, le sous-préfet fut avisé que des rassemblements de troupes ennemies se formaient à proximité de Schlestadt ; il télégraphia au ministre de l'Intérieur :

« On annonce une attaque de notre ville par surprise ; nous sommes prêts à la repousser. Je redoute seulement la pression de la population trop nombreuse et affolée. »

Il reçut la réponse suivante :

« C'est au commandant supérieur et à vous qu'il appartient de relever le moral de la population. » Ces craintes n'étaient d'ailleurs pas fondées.

Cependant quelques dispositions furent prises que permettait l'état d'instruction des mobiles. Ceux-ci assurèrent la garde des portes de la ville [1], tandis que les avancées étaient occupées par vingt-cinq anciens soldats sous le commandement d'un officier. En même temps, un double piquet de 25 cavaliers et trois com-

---

1. Un effectif de 100 hommes, sous les ordres d'un capitaine, occupait chaque porte. La nuit, les sentinelles veillaient sur le chemin de ronde. Éloignés les uns des autres de 50 mètres, ils se renvoyaient de demi-heure en demi-heure le cri de : « Sentinelle, prenez garde à vous » !

SCHLESTADT. — LA PORTE DE COLMAR.
D'après une photographie.

pagnies de mobiles se tenaient au quartier, prêts à marcher. Il fut arrêté qu'en cas d'alerte trois officiers supérieurs se rendraient aux postes suivants pour y exercer leur surveillance, savoir :

Porte de Colmar	Commandant	Legrand-Dussaule.
— Strasbourg...	—	de Reinach-Werth.
— Brisach	—	Cahen.

Le commandant de l'artillerie avait dans ses attributions la direction générale des batteries et il ne lui fut assigné aucun poste spécial.

Chaque après-midi, les troupes qui n'étaient pas de service défilaient en parade sur la Place d'Armes, sous le commandement du major de la garnison ou d'un capitaine commandant de lanciers.

Les Portes de Colmar et de Brisach restèrent de nouveau ouvertes de cinq heures du matin à sept heures du soir. Leurs sentinelles avancées eurent à essuyer quelques coups de feu dans la nuit du 30 août.

Le 31, une troupe de francs-tireurs vint s'approvisionner dans la ville : elle n'y demeura que la journée. Ce même jour, le général de la Roche, qui commandait la brigade de cavalerie badoise, partit de Benfeld avec 2 bataillons, 9 escadrons et 2 batteries pour élargir le cercle des réquisitions de vivres et de fourrages nécessaires aux troupes qui assiégeaient Strasbourg, et pour couper les communications de Schlestadt.

CHAPITRE V

LE BLOCUS

I. LES DERNIERS PRÉPARATIFS. — II. PREMIÈRE SOMMATION. — III. PROCLAMATION DE LA RÉPUBLIQUE. — IV. LA PLACE OBSERVÉE DE PRÈS. — V. LE PRÉFET PAR DÉLÉGATION. — VI. TENTATIVE CONTRE LE TUNNEL DE SAVERNE. — VII. LES DERNIERS JOURS DE SEPTEMBRE. — VIII. LE PRÉFET ET LE COMMANDEMENT. — IX. DU Ier AU 10 OCTOBRE.

I. — LES DERNIERS PRÉPARATIFS.

Le commandant supérieur, prévenu de la concentration de ces troupes, pouvait s'attendre à se voir investi. Il ouvrit à la date du Ier septembre son journal du blocus [1] : cependant, l'encerclement de la place ne sera ni complet ni continu, et les travaux de défense pourront s'achever malgré des alertes constantes.

Artillerie. — Le 10 septembre, les batteries étant

[1]. Un bureau de renseignements fut créé pour recevoir les indications des gens qu'arrêtait la prévôté.

toutes armées, trois postes d'artilleurs furent installés sur les remparts, avec ordre de tirer sur l'ennemi qui se montrerait.

On s'occupa dès lors de renforcer les points faibles des défenses de la ville avec les canons restés disponibles. Une attaque avait eu lieu en 1815 sur les bords de l'inondation, et l'ennemi paraissait maintenant bien souvent du côté de la forêt de l'Ill. On porta l'armement de la demi-lune à quatre bouches à feu et mit en position de nouvelles pièces et des mortiers auprès de la porte de Brisach.

Le 27 septembre, 107 bouches à feu, dont 50 canons rayés, étaient en batterie, approvisionnées chacune de 150 projectiles. On adjoignit aux artilleurs 50 cavaliers comme auxiliaires, tous volontaires.

La défense des divers bastions fut répartie ainsi [1] :

Bastion 33 à la courtine 28..	1re batterie de la G. M.
— 28-29.............	4e batterie de la G. M.
— et cavalier 30......	2e batterie du 6e régiment.
— et cavalier 31......	2e batterie de la G. M.
— et cavalier 32......	5e batterie de la G. M.

Chaque unité formait deux sections, alternativement de garde et restant toujours affectées au service des

---

1. Le bastion 36 ne fut pas utilisé pour la défense. On l'appelait, avant la Révolution, le bastion des Suédois.

pièces qui constituaient leur armement[1]. Le capitaine
commandait la 1re section, et le lieutenant en 1er, la
seconde.

Génie. — Le service du génie achevait de dégager
les abords de la place. Il combla d'abord les caves des
maisons démolies dans les zones militaires, puis il fit
abattre les arbres le long du Giessen. Le 20, il fit
sauter le pont du chemin de fer sur la même rivière ;
le pont de la route de Strasbourg, ou Burnerbrücke,
fut conservé[2].

Les nouvelles qui parvenaient de Strasbourg firent
ressortir l'impérieuse nécessité de créer des abris tant
sur les remparts que dans la ville même. On en établit
aussitôt le long des courtines entre le bastion 31 et
la porte de Strasbourg, en utilisant les arbres des remparts. Les ressources en bois étant insuffisantes pour
exécuter les travaux prévus, on affecta les poternes aux
logements des troupes, puis on blinda le rez-de-chaussée des casernes[3]. A peine arrivait-on ainsi à
abriter un huitième de la garnison au lieu de la moitié,
comme il le fallait faire pour assurer le repos de ceux
qui ne seraient pas de service.

---

1. La planchette de chaque pièce portait repérés les points essentiels
compris dans son champ de tir ; elle indiquait aussi la hausse à utiliser.
2. Il date de 1548 et porte l'inscription suivante : *fondé par R. S.*
(République Schlestadtienne).
3. Construites en 1724.

Le conseil de défense décida, sur la proposition du lieutenant du génie, qu'on tirerait partie des 800 balles de tabac, en dépôt dans le magasin de l'État, pour la construction de nouveaux abris. Toutefois, ces travaux furent ajournés, et ce n'est que le 10 octobre que les corps reçurent l'ordre d'installer, au pied même des remparts, des traverses-abris suffisants pour loger les hommes là où ils étaient appelés à combattre à tour de rôle. Une protection sérieuse leur était ainsi assurée[1].

Subsistances. — Pour garantir ses approvisionnements mieux qu'ils ne l'étaient dans les magasins qu'on ne pouvait protéger, le sous-intendant militaire demanda au conseil de défense de les répartir, par trente ou trente-cinq mille rations de toutes sortes, dans diverses caves voûtées mises à sa disposition. Mais celles-ci ne se trouvèrent pas assez spacieuses et on dut laisser une partie des vivres à la manutention

---

1. On pratiqua dans les talus des excavations de un mètre de profondeur sur deux mètres de large. Des balles de tabac cubant un mètre furent placées de chaque côté, à 0^{m}40 de l'excavation. On les recouvrit de bois en assez fort équarrissage, d'une longueur moyenne de 4 mètres. D'autres balles furent disposées conjointement sur ce toit qui fut protégé par une couverture de terre fortement tassée.

En raison des fatigues du service, les troupes reçurent, à partir du 10 octobre, des rations de sucre et de café.

Les artilleurs	1 jour sur	2
Les lanciers	1 —	3
Les mobiles et les gendarmes	1 —	4

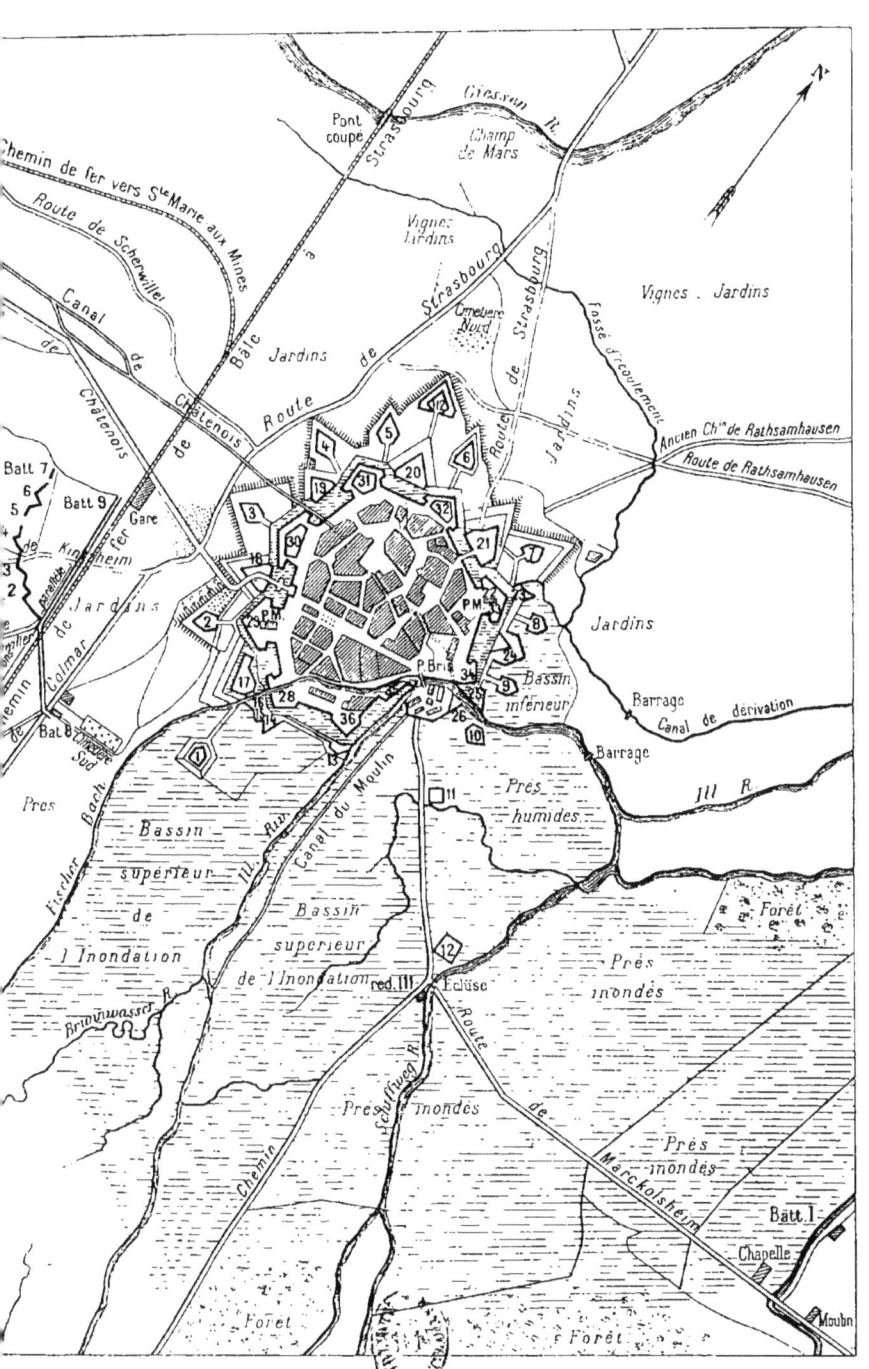

PLAN ET DÉFENSES DE SCHLESTADT.
D'après les Archives et l'ouvrage de Wolff.

et au Pavillon des officiers. Un dernier convoi arrivait de Belfort le 5 octobre [1].

On assura aux animaux du parc vingt jours de fourrages, en comprimant en balles 400 quintaux de foin au moyen de la presse hydraulique du service des tabacs. Comme les bêtes dépérissaient, on augmenta leur ration [2].

Service de santé. — Le sous-intendant militaire demanda, au commencement d'octobre, que la cave voûtée du Pavillon, primitivement affectée au logement de 250 soldats, servît d'abri à l'ambulance qui put s'y installer aussitôt. Cette cave était un sous-sol spacieux et éclairé, donnant sur la place du Marché-aux-Choux, à droite de la grille de la grande cour.

II. — PREMIÈRE SOMMATION.

Pendant que le siège de Strasbourg se continuait, le général v. Werder ne cessait d'agrandir le rayon d'action de ses troupes qui allaient successivement

---

[1]. Il comprenait 200 quintaux de biscuit et 200 quintaux de lard salé. Ce dernier était avarié; on enleva les bandes rances et on distribua le reste au lieu de le rejeter et donner une nourriture plus saine aux hommes.

[2]. On décida de les répartir en cas de bombardement dans les étables les moins exposées de la ville, et parmi celles-ci, les étables de M. G. Dengler, rue des Pucelles.

désarmer de nouvelles localités et y lever des réquisitions. Il envoya de ses colonnes jusque dans la Haute-Alsace, soit par la route du Rhin, soit par celle qui longeait la montagne; et pour masquer leurs mouvements tout en assurant mieux leur sécurité, il dut faire observer Schlestadt de plus près.

Des cavaliers ennemis parurent sur divers points de la ville, le 1er septembre au matin. Sur la route de Marckolsheim, ils essayèrent d'inquiéter la promenade des chevaux du 2e lanciers; d'autres parurent aux abords de la porte de Strasbourg. Quelques coups de canon les firent disparaître; ils avaient réussi néanmoins à couper toutes les communications télégraphiques de la ville. Vers le soir, des fantassins ennemis creusèrent des retranchements près du cimetière israélite. Des obus à mitraille lancés du cavalier 31 les dispersèrent; un projectile de 24 brisa la balustrade du pont du Giessen sur lequel venaient de passer des dragons badois.

Le maire de Scherwiller signala ce même jour que des forces notables cantonnaient dans les environs de la ville [1]. Le commandant supérieur prescrivit aussitôt qu'un tiers de la garnison serait de garde aux remparts

---

1. Le commandant fit aussitôt connaître au préfet du Haut-Rhin qu'il était investi. L'éclairage à l'huile fut substitué à l'éclairage au gaz, par crainte d'un bombardement inopiné.

et un tiers de piquet prêt à marcher ; le dernier tiers resterait au repos. La garde nationale eut à fournir, pour le service intérieur, une compagnie de garde à la mairie. Un officier supérieur, de service de jour, assurait le commandement général. Le conseil de défense arrêta que la redoute 12 et l'ouvrage 111, qui protégeaient le barrage principal, seraient défendus jusqu'à la limite du possible : les hommes pouvant toujours rentrer en ville sous la protection du canon de l'enceinte.

Les Allemands cependant ne vinrent pas encore assiéger Schlestadt; mais ils contournèrent la ville, à l'ouest, pour faire une incursion dans le Haut-Rhin où se montraient de nombreux francs-tireurs. Du haut des remparts, les sentinelles entendirent, dans la nuit, le bruit de roulement de leur convoi que l'on chercha à inquiéter par quelques projectiles, entre dix heures et minuit.

Le lendemain, dès six heures, des fantassins et des cavaliers reparurent du côté du Giessen. Un bataillon du 6ᵉ régiment d'infanterie badois, cantonné à Benfeld, vint occuper Muttersholtz. Le 2 septembre, le major envoya au commandant de Reinach un messager chargé de lui remettre deux journaux de Carlsruhe avec la lettre suivante :

J'ai l'ordre de faire connaître à votre Seigneurie, que, d'après le télégramme qui vient de me parvenir, l'armée du maréchal de Mac-Mahon a été complètement battue à Épernay (!). Il n'y a donc plus actuellement aucune armée française en ligne. Bazaine s'est enfermé dans Metz depuis le 19 août.

Votre Seigneurie pourra se rendre compte de la défaite du corps d'armée de Mac-Mahon, en lisant le journal ci-joint.

Muttersholtz, 1er septembre 1870.

Le commandant des postes avancés,
Major KIEFFER.

La nuit du 2 au 3 fut tranquille. Les fils télégraphiques pour communiquer avec Colmar furent rétablis le lendemain matin et un convoi de biscuits put entrer dans la ville. Un groupe ennemi reparut vers la Chapelle à cinq heures du soir; le feu de la redoute 12 le dispersa. La nuit du 3 au 4 fut calme : cependant, vers onze heures et demie du soir, on aperçut un feu au sommet du Haut-Kœnigsbourg. Un quart d'heure après, une fusée vint éclater au milieu du chemin de la demi-lune 18, éclairant tout le poste avancé. (Compte rendu de l'officier du poste.)

Le lendemain matin, le commandant fit connaître au conseil de défense la nouvelle qui lui avait été transmise par le télégraphe : « l'armée française battue à

Sedan; le général de Mac-Mahon grièvement blessé ; l'Empereur avec 40 000 hommes faits prisonniers après capitulation ». En portant ces nouvelles terrifiantes à la connaissance de la population, il adressa la proclamation suivante à laquelle s'associèrent le sous-préfet et le maire de la ville.

Habitants de Schlestadt,

Les circonstances sont graves !

La France attend de vous ce qu'elle admire en vos frères de Strasbourg. Nous saurons remplir notre devoir.

Mais nous conjurons les femmes, les enfants, les gens non valides, et tous ceux qui ne peuvent monter sur les remparts pour les défendre, à quitter la ville immédiatement.

Cette mesure est de l'intérêt de tous ; n'hésitez pas, tandis qu'il en est temps encore.

Le commandant supérieur de la place,
Le sous-préfet,   de Reinach.
Peloux.

Le maire de Schlestadt s'associe pleinement aux mesures réclamées par le commandant supérieur et engage ses concitoyens à s'y conformer sans délai.

Schlestadt, le 4 septembre 1870.

Le maire de la ville,
C. Knol.

Le même jour, à midi, M. Andlauer, maire de Kogenheim[1], se présenta à la porte de Colmar, porteur d'une nouvelle lettre du major Kieffer, écrite par ordre du lieutenant-général v. Hagen qui commandait les forces badoises dans le département.

Le commandant de Reinach réunit une seconde fois le conseil de défense pour lui lire le contenu de la missive. Après avoir cité plusieurs télégrammes annonçant la défaite de l'armée française et la capitulation de l'Empereur à Sedan, la lettre concluait : « qu'il était de l'intérêt des deux nations de ne pas continuer à verser le sang et qu'en conséquence il demandait la reddition de la place ». Le major ajoutait : « qu'il n'avait pas envoyé de parlementaire parce que plusieurs commandants de forteresse française avaient tiré sur eux et qu'il ne voulait pas en exposer de nouveaux ».

Le commandant de Reinach ne voulut pas relever cette assertion. Il communiqua au conseil sa réponse au major badois et le conseil l'applaudit chaleureusement :

---

[1]. On l'obligea de se rendre à Schlestadt, sous peine de voir mettre le feu à sa propriété. (Dr Sieffermann.)

Schlestadt, le 4 septembre 1870.

Monsieur le commandant,

Quels que soient les événements qui aient pu se passer, je n'ai qu'une réponse à donner à la communication que vous me faites l'honneur de m'adresser.

Mon devoir est de conserver à la France la place de Schlestadt, et je saurai le remplir.

Veuillez agréer, Monsieur le commandant, l'assurance de ma considération la plus distinguée.

Le commandant de la place,
de REINACH.

D'après J. Jœgert, le maire aurait reçu par la même voie une lettre[1] du major Kieffer qui lui annonçait les événements de Sedan, la nomination de l'Impératrice comme régente et les tentatives inutiles de Bazaine pour quitter Metz. Il l'engageait, en outre, à user de toute son influence pour que la ville n'eût pas à éprouver le malheureux sort de Strasbourg, ce qui serait inévitable si la résistance devait continuer. Vers cinq heures, le poste de la redoute 12 tira une quinzaine de coups de fusil sur des soldats ennemis. La nuit du 4 au 5 se passa sans incidents; mais les événe-

---

[1]. Ni le journal du commandant, ni celui du conseil de défense ne font allusion à cette lettre.

ments du 4 septembre, à Paris, allaient créer une vive effervescence à Schlestadt.

III. — PROCLAMATION DE LA RÉPUBLIQUE.

La déchéance de l'Empire suivie de la proclamation de la République furent connues dans la soirée même par un groupe de citoyens. Le lendemain matin ceux-ci firent afficher à profusion sur les murs de la ville une proclamation ainsi conçue :

Citoyens,

La République française est proclamée ; le peuple souverain a repris ses droits !

Magistrats, maire, conseillers municipaux, qui tenaient leur pouvoir de l'Empire, sont de plein droit révoqués.

C'est au peuple de nommer une commission provisoire qui veillerait aux intérêts et au bon ordre de la ville ainsi qu'à la défense du pays.

Vous êtes donc invités à vous trouver sur la Place d'Armes, aujourd'hui à deux heures de l'après-midi.

Les citoyens : Anstett[1] — Lang, Victor — Herger — Lang, Marius — Bauer, Alexandre — Weissenthanner

---

1. Brasseur ; son frère Antoine, ancien représentant du peuple exilé en 1851, est l'auteur des comédies en dialecte local, le *Pfingstmontag*, etc.

— Rack, Édouard [1] — Schlœsser, Auguste — Meusburger, Victor [2] — Melsheim, Julien [3] — Jehl, Joseph — Catala [4], Adolphe.

Les signataires étaient des personnes notables et estimées de la ville. La douloureuse nouvelle du désastre de Sedan avait certes surexcité tous les esprits ; mais en se mettant ainsi en conflit avec l'autorité, nos concitoyens méconnaissaient gravement leurs devoirs ainsi que les droits que conférait l'état de siège au commandant supérieur de la ville.

Ce dernier avait d'ailleurs reçu, dans la nuit, deux dépêches qui lui notifiaient officiellement la déchéance de la dynastie impériale, la proclamation de la République et l'installation d'un gouvernement de la Défense nationale. Il réunit les membres du conseil de défense pour leur communiquer ces nouvelles. Il ajouta que ces graves événements ne devaient changer en rien les devoirs qui sont imposés à l'autorité militaire chargée essentiellement de la défense de la forteresse.

Aussitôt après, il donna lecture de l'appel fait à la

1. Il fit la campagne de l'armée de la Loire et obtint les galons de caporal dans un régiment de marche. Décédé premier président de la cour de Rouen.
2. Entrepreneur ; il fit la démolition des remparts.
3. Avoué ; mort juge de paix à Paris.
4. Industriel à Schlestadt.

population, et proposa les mesures à prendre d'urgence pour réprimer tout mouvement et tout désordre : elles furent décidées à l'unanimité. Ordre fut donné au prévôt d'incarcérer les signataires de la proclamation, et l'arrêté suivant fut affiché :

Arrêté du commandant supérieur.

Le commandant supérieur de la Place de Schlestadt ;
Vu la déclaration de l'état de siège en date du 7 août 1870 ;
Vu la loi sur l'état de siège du 9 août 1849 ;
Vu le décret du 13 octobre 1863 sur le service des Places de guerre ;
Considérant qu'un écrit signé des nommés (suit les noms) a été distribué dans les rues à l'effet de provoquer le peuple à la révocation des magistrats, maire et conseillers munipaux, et de convoquer les habitants sur la place publique aujourd'hui à deux heures ;

Arrête :

Article premier. — Les signataires de l'écrit ci-dessus seront immédiatement arrêtés.

Art. 2. — Le prévôt est chargé de l'exécution de cette mesure.

Schlestadt, le 5 septembre 1870.

Le commandant supérieur,
de REINACH.

En même temps, il écrivait au commandant de la garde nationale sédentaire :

J'ai l'honneur de vous informer qu'il vient de m'être remis un imprimé signé de plusieurs habitants de la ville appelant le peuple à une réunion illicite sur la Place d'Armes à deux heures de l'après-midi, dans le but de révoquer les pouvoirs civils régulièrement constitués et de nommer une commission provisoire chargée de les remplacer.

En vertu des pouvoirs qui me sont conférés par la loi du 9 août 1849 sur l'état de siège, je vous invite à prendre immédiatement telles mesures que vous jugerez convenables pour assurer la tranquillité publique.

Recevez, etc.

Longtemps avant l'heure, de nombreux attroupements populaires se formèrent sur divers points de la ville ; le manifeste était vivement discuté et les esprits se montaient. Vers une heure, le comité républicain, déployant un grand drapeau, partit de la brasserie de la *Ville de Lyon*, pour faire le tour de la ville ; deux tambours marchaient en tête et battaient de la caisse. La foule des curieux, plus nombreux que les manifestants, se joignit au cortège qui, par les rues principales, au chant de la *Marseillaise* et aux cris de : *Vive la République*, se dirigea vers la Place d'Armes qui fut envahie malgré la garde nationale.

M. G. Herger[1], marchand de fer, citoyen paisible mais ardent républicain, se hissa sur une tribune improvisée devant la mairie, et invita le peuple à crier avec lui : *Vive la République!* puis il donna lecture de la proclamation.

Il n'avait pas fini que, sur l'ordre de leur capitaine, les gendarmes se saisirent de lui. Les membres du comité présents sur la place furent également arrêtés puis menés à la prison de la ville, où les rejoignirent bientôt leurs amis. Quatre pelotons de lanciers vinrent assurer la libre circulation sur la place et l'ordre fut rétabli sans autres incidents.

Cependant, le Conseil municipal avait été convoqué d'urgence par le maire, M. Knol[2]. Appréciant nettement la situation, redoutant d'autre part que l'acte irréfléchi commis par quelques citoyens, des plus honorables, pût leur nuire, le conseil, réuni à deux heures, prit la délibération que relate le procès-verbal ci-dessous :

Extrait du Registre des délibérations du Conseil municipal de Schlestadt.

Séance extraordinaire du 5 septembre, à deux heures du soir.

---

1. Il opta pour la France et se retira à Paris.
2. Avoué ; il opta pour la France et se retira à Rambouillet.

Étaient présents : MM. Knol, maire, président; Roswag, adjoint; Lomüller, Doyen, Morlock, Martel, Stahl, Rack (père), Kah, de la Comble, Dorlan, Lang, Brunstein, Fuchs, Schlœsser, Simon, Franck, Ruhlmann et Fackler;

Excusés : MM. Spies, Spitz, Kien et Donnat;

Le Maire communique au conseil une affiche ainsi conçue :

« Citoyens !

« Le Conseil municipal, issu du suffrage universel, ne saurait admettre que quelques personnes, sans mandat ni délégation de leurs concitoyens, puissent convoquer la population dans le but de provoquer une commission extraordinaire réunissant les pouvoirs municipaux et administratifs.

« Nommés par nos concitoyens, nous regardons comme un devoir, dans l'intérêt de la tranquillité et du bon ordre, de maintenir les pouvoirs qui nous ont été confiés et non imposés par la population, jusqu'à ce que des instructions du gouvernement actuellement établi ordonnent la convocation des comices pour procéder à de nouvelles élections, instructions auxquelles nous nous empresserons de nous soumettre.

« Nous faisons appel, dans les circonstances difficiles où nous nous trouvons, à la concorde et au bon esprit de tous nos concitoyens. L'union, le calme et une résolution ferme sont nécessaires pour assurer le succès de nos armes et le maintien de nos droits et intérêts à tous.

« Le Conseil, regrettant la mesure irréfléchie et irrégulière prise par les signataires de l'affiche précitée, et faisant la part de l'effervescence causée par les nouvelles du jour, décide à l'unanimité de se rendre, à l'issue de la séance, auprès de l'autorité militaire pour demander la mise en liberté des personnes arrêtées.

Délibéré en séance, etc.

Le maire, KNOL.

Cependant le Conseil s'abstint de cette démarche en corps, et le maire transmit au commandant de place la copie du procès-verbal de la délibération, avec la lettre d'envoi qu'on va lire.

MAIRIE
de
SCHLESTADT

Schlestadt, le 5 septembre 1870.

Monsieur le commandant,

J'ai l'honneur de vous adresser la délibération du Conseil municipal de ce jour, protestant contre la proclamation qui a été affichée en ville ce matin.

Cette même délibération vous supplie d'user d'indulgence en faveur des signataires de cet écrit, et d'autoriser leur élargissement.

J'ai l'espoir, Monsieur le commandant, que vous voudrez bien avoir égard à notre sollicitation.

Et je vous prie de recevoir l'assurance de ma reconnaissance et de ma considération la plus distinguée.

Le Maire, KNOL.

Le conseil de défense se réunit de nouveau à quatre heures et demie; et, après avoir constaté que l'effervescence de la population semblait calmée, il se décida à faire droit aux demandes du maire et du conseil municipal et à user de clémence envers les personnes arrêtées.

Le commandant de Reinach les fit amener devant le conseil et leur donna lecture de la délibération du Conseil municipal. Il leur fit comprendre qu'en excitant la population comme ils l'avaient fait en présence de l'ennemi, ils avaient commis une faute grave. Il ajouta que « ce n'était pas un acte digne de bons patriotes comme il les connaissait, et que leur conduite, sans la sagesse des habitants de Schlestadt, aurait pu avoir les plus graves conséquences au point de vue de la défense ».

Il les engagea ensuite à signer la déclaration suivante, pour exprimer leurs regrets de la tentative qu'ils avaient faite :

DÉCLARATION

Les soussignés, signataires de la proclamation, etc.;

Ayant eu connaissance de la délibération du Conseil municipal en date de ce jour;

Déclarent s'associer pleinement aux sentiments exprimés dans ladite délibération;

Regrettent la démarche illégale et irréfléchie qu'ils ont tentée ;

Et s'engagent, envers le conseil de défense, à user de toute leur influence sur la population pour y maintenir le calme, le bon ordre, et le patriotisme si indispensables en présence de l'ennemi et dans les circonstances graves que nous traversons.

Tous signèrent à l'exception de MM. Melsheim et Catala qui étaient absents de la ville au moment où la proclamation avait été rédigée.

Le commandant de Reinach, qui ne s'était pas mépris sur les sentiments patriotiques des inculpés, car il résidait à Schlestadt depuis quelques années et n'était pas sans les connaître, leur dit que cette déclaration les honorait et leur rendit la liberté.

La République allait d'ailleurs être officiellement déclarée. M. Peloux, sous-préfet de l'arrondissement, se retira et ne fut pas remplacé. Le maire C. Knol[1] et son adjoint X. Roswag résignèrent leurs fonctions quelques jours après.

Le ministre de la Guerre avait été tenu au courant des événements qui s'étaient passés à Schlestadt. Il approuva entièrement les mesures prises, ainsi qu'il résulte de la lettre suivante :

---

1. Il prit rang dans la garde nationale.

MINISTÈRE
DE
LA GUERRE

Paris, 10 septembre 1870.

1ʳᵉ *Direction*

Bureau
de la Correspondance
générale
et des opérations
militaires.

 Commandant, j'ai recu la lettre du 5 septembre courant par laquelle vous me rendez compte que, le conseil de défense entendu, et pour éviter, en présence de l'ennemi, des troubles graves, vous avez arrêté l'arrestation immédiate des auteurs d'un appel adressé, par voie d'affiche, à la population de Schlestadt par douze individus d'opinions très exaltées, à l'occasion de la proclamation de la République.

 Vous ajoutez qu'en présence des dispositions insuffisantes prises par la garde nationale sédentaire pour maintenir la tranquillité publique, vous avez cru devoir faire marcher quatre pelotons de lanciers qui ont dissipé les attroupements sans effusion de sang.

 J'approuve ces mesures, et vous invite à user, s'il y a lieu, des moyens les plus énergiques pour assurer le maintien de l'ordre.

Le ministre de la Guerre,
Général LE FLÔ.

P. S. (de la main du ministre).

Je reçois le rapport du 6, par lequel vous m'annoncez que les fauteurs du désordre, revenus à de meilleurs sentiments, ont pris publiquement l'engagement d'user de toute leur influence pour maintenir l'ordre qui n'a plus été troublé.

Les choses étant ainsi, j'approuve leur mise en liberté.

IV. — LA PLACE OBSERVÉE DE PRÈS

Les avant-postes détachés de Benfeld ne cessaient de surveiller les abords de la forteresse. Une de leurs patrouilles surprit, le 7 septembre, près du pont du Giessen, des gardes mobiles qui protégeaient des travailleurs et les força de se retirer : le cavalier 32 couvrit leur retraite en lançant quelques obus sur l'ennemi [1].

Le 10, le commandant supérieur recommanda aux officiers de service de ne faire tirer le canon qu'après avoir bien distingué l'ennemi : les habitants des villages travaillaient dans les champs, et des personnes trop éloignées pouvaient être victimes d'une méprise.

Le 11 septembre, des forces allemandes s'élevant à 6000 hommes avec six canons, réunies à Erstein sous le commandement du major-général Keller, chef de la

---

[1] L'un des travailleurs fut même blessé. Des bandes de collégiens s'avisaient souvent de faire des sorties vers le Giessen pour voir les Prussiens : l'un d'eux fut blessé par un éclat d'obus tiré de la place.

3e brigade d'infanterie badoise, se mirent en marche vers Schlestadt, en trois colonnes. La première suivit la route de la montagne par Epfig et Dambach d'où elle revint brusquement à Obernai poursuivre des francs-tireurs signalés dans le voisinage. Les deux autres suivirent l'une, la grande route de Bâle et l'autre, la route du Rhin ; mais elles ne s'arrêtèrent pas autour de Schlestadt et continuèrent leur marche vers le Haut-Rhin pour gagner Colmar et Mulhouse.

Le détachement du Rhin, venu par Artzenheim et Jebsheim, fut arrêté le 14 à Horbourg par les francs-tireurs et les gardes nationaux ; il dut bombarder les faubourgs de Colmar pour entrer en ville. Le 16, Mulhouse fut occupé par l'ennemi.

Pendant ce temps, des groupes de 30 à 40 cavaliers entouraient Schlestadt, à deux lieues à la ronde. Les estafettes faisaient des apparitions fréquentes aux abords de la place : mais le canon du cavalier 31 les maintenait à distance. On résolut alors de démolir les maisons Zeysolf et Rohmer où elles trouvaient abri. Le 14 au matin, un détachement de 100 lanciers dont la moitié à pied, sortit de la place pour s'acquitter de cette besogne : des coups de canon répétés avaient déblayé le terrain.

Les communications télégraphiques avec Colmar furent de nouveau interrompues et aucun courrier ne put entrer en ville. Le 17, plusieurs fusées furent lancées au sommet du Kœnigsbourg.

V. — LE PRÉFET PAR DÉLÉGATION.

Depuis quelques jours, M. Maurice Engelhard occupait la sous-préfecture de Schlestadt, en qualité de préfet par délégation du Bas-Rhin.

Dès l'installation du Gouvernement du 4 septembre à l'Hôtel de Ville, Valentin, ancien officier de chasseurs à pied, représentant du peuple élu par le Bas-Rhin, exilé en 1851, et Maurice Engelhard, bâtonnier de l'ordre des avocats de Strasbourg, un des chefs du parti républicain dans cette ville, avaient réclamé à Gambetta l'honneur périlleux d'aller occuper les postes de préfet et de maire de la ville assiégée.

Ces nominations furent rendues publiques. Le Gouvernement chargea le maire « d'aller porter aux vaillants Strasbourgeois et à l'héroïque garnison les remerciements émus de la France, de la population de Paris et du Gouvernement de la République » (*J. off.* du 6 septembre). C'était signaler préfet et maire aux Prussiens et faire redoubler la surveillance de l'assiégeant pour empêcher leur entrée dans Strasbourg.

Valentin se sépara de son ami, pensant mieux

réussir étant seul. Il prit le 7 septembre, à Mulhouse, l'arrêté suivant :

Le préfet du Bas-Rhin, soussigné, délègue tous ses pouvoirs au citoyen Maurice Engelhard, maire de Strasbourg, pendant toute la durée de l'investissement de la place de Strasbourg.

E. VALENTIN.

Le 9, il arriva à Schlestadt, dîna au *Lion Rouge*, et partit le soir même pour Muttersholtz avec M. Stoss, agent des ponts et chaussées, afin de gagner le Rhin. Ce n'est que le 19 qu'il put entrer dans Strasbourg, en franchissant les fossés à la nage et essuyant à la fois les feux des deux adversaires.

Le 11 septembre, le préfet par délégation lançait la proclamation suivante aux habitants du Bas-Rhin :

Chers concitoyens,

L'Empire, qui a commencé par un attentat contre la souveraineté nationale, a attiré sur la France la guerre et l'invasion.

Il est tombé sous le mépris public !

La République seule était possible après l'Empire ; car la République est la chose publique ! C'est nous-mêmes, c'est la France rendue au sentiment de l'honneur, redevenant libre et honnête, reprenant les grandes traditions de la Révolution qui a affranchi les paysans et consacré les droits de l'homme dans la société.

Il était temps d'en finir avec ce régime qui avait peur du peuple, qui refusait de l'armer, et qui a laissé, par ses fautes et par ses crimes, pénétrer l'ennemi au cœur de la France.

Il faut l'en chasser! Une heure perdue peut devenir fatale! Tous, nous devons marcher et sacrifier tout à la défense du sol sacré de la Patrie.

Le département du Bas-Rhin est ravagé par les Prussiens. Il subit toutes les calamités de l'invasion; mais aussi il a donné un grand exemple. L'héroïque défense de Strasbourg témoigne de l'irrévocable union de l'Alsace avec la France.

Bombarder cette grande et florissante cité; réduire en cendres sa bibliothèque, ses hôpitaux, ses musées, ses écoles; endommager sa cathédrale, cette merveille de l'art gothique; ce sont là des violations odieuses des lois de la guerre et de tous les principes de l'humanité.

Le Gouvernement de défense nationale a adressé à la population de Strasbourg les remerciements émus de la France. Bientôt l'on dira que Schlestadt a aussi bien mérité de la Patrie.

Confiance et courage! Nous appartenons à la grande République française, et jamais nous ne courberons sous le despotisme du roi Guillaume de Prusse.

Schlestadt, le 11 septembre 1870.

Le préfet du Bas-Rhin, par délégation,
MAURICE ENGELHARD.

Cependant l'activité du préfet n'avait que peu d'occasion de s'exercer. L'occupation ennemie s'étendait de plus en plus dans le département : souvent passagère, mais toujours répétée à bref délai.

Il chercha à faire rompre le barrage que les Allemands avaient établi près d'Erstein, le 2 septembre, pour détourner les eaux de l'Ill qui inondaient les fossés de Strasbourg. Il donna surtout son concours le plus efficace à l'organisation d'un coup de main contre le tunnel de Saverne. Il nomma maire de la ville, M. J. Albrecht, meunier, en remplacement de M. Knoll qui démissionna le 16[1]. Le nouveau maire s'adjoignit comme adjoints MM. F. Martel et G. Schloesser ; son premier acte fut de donner à la rue de l'Empereur[2] le nom de *rue de Strasbourg* pour honorer la vaillante cité.

Le préfet voulut aussi s'immiscer dans les questions militaires, mais ses rapports avec le commandant supérieur et le conseil de défense n'allaient pas tarder à se tendre.

---

1. L'ancien Conseil municipal resta en fonctions jusqu'à l'expiration de son mandat. Une commission permanente siégea jour et nuit à l'Hôtel de Ville pendant toute la durée de l'investissement et du siège. (Catala.)
2. C'était pour rappeler le séjour de Charlemagne que cette rue était ainsi dénommée.

VI. — TENTATIVE CONTRE LE TUNNEL DE SAVERNE.

Pendant que les troupes allemandes occupaient Colmar et Mulhouse, la surveillance de la place de Schlestadt devint moins sévère du côté de la montagne. Le major-général Keller avait placé des postes le long de la route du Ried pour assurer ses communications avec Rhinau et Strasbourg.

L'un de ces postes, établi à Muntzenheim, sur la route de Colmar à Marckolsheim, fut surpris, dans la nuit, par un parti de soldats français venus de Neuf-Brisach en longeant le canal de Widensolen ; cinq dragons et deux fantassins badois furent emmenés prisonniers dans la forteresse. Muntzenheim fut imposé d'une contribution de guerre de 4000 francs et deux habitants, soupçonnés d'avoir dénoncé la présence du poste badois, furent fusillés à Marckolsheim.

Le 19 septembre, les troupes allemandes se replièrent vers Strasbourg. Leurs éclaireurs se montrèrent du côté de la Chapelle. A l'ouest, les patrouilles ennemies n'avaient plus paru depuis quelques jours : tout l'effort de l'ennemi se portait contre Strasbourg dont la chute était prochaine.

Les habitants de Schlestadt profitèrent de ce répit

pour ramasser leurs récoltes ; il leur fut même possible de rentrer les vendanges. C'est à ce moment qu'il fut décidé de tenter de faire sauter le tunnel du chemin de fer de Saverne. L'expédition conçue par le commandant d'artillerie Pinot, encouragée par le préfet qui solda les dépenses, fut confiée au garde général des forêts, M. Osterberger, secondé par ses agents.

La circulation des voitures garnies de cuves et de matériel pour les vendanges ne pouvait inspirer grand soupçon aux éclaireurs battant le pays. C'est dans une de ces voitures que furent amenés à Villé 600 kilos de poudre avec les appareils nécessaires[1] pour la mettre en œuvre.

Des agents et des hommes de Schlestadt sous la conduite du brigadier forestier, M. Osterberger, frère du garde général, transportèrent ce matériel, dans des hottes, par la montagne, jusqu'à destination. L'expédition défila, le 16 au soir, vers onze heures, par la Porte de Colmar, traversa avec bonheur les lignes ennemies et, après de grandes difficultés, arriva, le 21, à Barenbach, à peu de distance du point où le tunnel du canal de la Marne au Rhin croise le tunnel du chemin de fer, entre Artzwiller et Sarrebourg.

1. La bobine de Ruhmkorff et la batterie de piles de Bunsen du cabinet de physique de M. Paterne, notre dévoué professeur qui instruisit de leur maniement le brigadier forestier Osterberger.

De son côté, le garde général, en compagnie de M. Knieder[1], son parent, arrivait au même point en suivant le bas de la montagne; il était resté en communication constante avec son frère.

Il fallait la mauvaise chance qui poursuivait notre malheureux pays pour s'opposer à la réussite du projet[2].

Une expédition armée, venant de Nancy dans le même but, donna l'éveil aux Prussiens qui redoublèrent leur surveillance et rendirent toute action impossible.

VII. — LES DERNIERS JOURS DE SEPTEMBRE.

Le 21 septembre, le commandant de Reinach apprit l'exécution de Marckolsheim. Il écrivit au commandant des troupes allemandes à Geispolsheim la lettre suivante :

---

1. Préparateur du cours de physique au lycée de Strasbourg : il mourut directeur des Établissements chimiques Maletra, à Rouen.

2. L'expédition comprenait 21 gardes et porteurs; les frais ne s'élevèrent pas à 700 francs.

Plus tard, M. Osterberger, garde général, se chargea de faire sortir de la ville 300000 francs appartenant au Trésor. Proposé pour la Légion d'honneur, il n'obtint point cette récompense qu'il méritait à tant de titres. (Commandant Pinot.)

Monsieur le commandant,

Jusqu'à ce jour, malgré les rigueurs des lois martiales, mais dominé par le sentiment de l'humanité qui doit tempérer les horreurs inévitables de la guerre, j'ai empêché toute exécution militaire des espions qui sont en mon pouvoir.

J'ai appris avec horreur le cruel attentat de Marckolsheim, où, condamnés par un tribunal secret, plutôt accusés que convaincus d'avoir voulu concourir à la défense de leur patrie menacée, deux pères de famille, non pas arrêtés les armes à la main, mais dénoncés et arrêtés dans leur domicile, cinq jours après l'action, ont été jugés sommairement et fusillés.

Cette lugubre affaire est à inscrire dans les annales militaires à la honte de l'armée allemande.

Je proteste contre cet égorgement de toute la force de mon cœur de soldat.

De plus, je dois vous prévenir que si j'apprends le renouvellement d'un acte aussi sanguinaire de la part de l'armée allemande, j'userai de représailles, non pas envers des soldats prisonniers que je ne cesserai de respecter, mais vis-à-vis des espions allemands qui seront sommairement jugés et fusillés.

DE REINACH.

De son côté, le même jour, le préfet par délégation lançait deux arrêtés relatifs : l'un aux fonctionnaires qui, sous peine de forfaiture, devaient refuser obéissance aux autorités instituées par l'armée d'invasion ; l'autre aux maires, pour inviter tous les jeunes gens de 18 à 20 ans et ceux de la classe de 1870, qui n'avaient pas encore été appelés à leur service obligatoire, à faire preuve de patriotisme en contractant des engagements volontaires. Un bureau d'enrôlement était ouvert à Schlestadt[1]. « *Il serait indigne de la jeunesse alsacienne de se prévaloir de l'occupation prussienne pour rester dans ses foyers.* »

Le 25 septembre, le commandant supérieur passa une revue de la garde nationale sédentaire ainsi que de la compagnie de volontaires. Il fit reconnaître les officiers et les gradés nommés à l'élection ; celle-ci n'apportait aucune modification dans les cadres.

A partir de ce moment, les Prussiens se montrèrent de nouveau plus fréquemment autour de la ville où les nouvelles du dehors arrivaient plus difficilement. Ce-

---

1. Près de 1 500 jeunes gens du Bas-Rhin, âgés de 17 à 20 ans, vinrent contracter un engagement pour la durée de la guerre, au bureau de Schlestadt :

du 30 juillet au 22 août	224
du 22 au 25 août	251
les 25 et 26 août	223
du 27 août au 10 septembre	337
du 10 septembre au 2 octobre	336
du 3 au 15 octobre	100

(*Archives de la ville.*)

pendant, une compagnie de francs-tireurs put encore s'y ravitailler du 26 au 29.

Deux mille Prussiens étaient venus occuper Ebersheim et réquisitionnaient à Dambach et à Scherwiller. Le chef d'escadron Challot, à la tête de ses lanciers appuyés par une troupe d'infanterie, sortit de Schlestadt le 27 et eut un engagement, du côté du Giessen, avec un détachement badois placé en avant-poste. L'ennemi eut un homme tué et cinq blessés qui furent amenés en ville; l'un d'eux mourut en arrivant à l'hôpital.

Dans la nuit, les sentinelles de garde sur les remparts cessèrent d'entendre le bruit du canon autour de Strasbourg; la malheureuse ville, en partie détruite, avait dû capituler! Le commandant des avant-postes allemands ne manqua pas de faire connaître cette triste nouvelle au commandant de Reinach[1].

Quelques officiers français, de passage à Schlestadt, donnèrent des indications sur la marche du bombardement et du siège auquel ils venaient d'assister. Ils firent connaître les effets formidables de l'artillerie allemande qui s'attachait surtout à démolir les canons des remparts, trop exposés derrière leurs larges embra-

---

1. Le messager forcé, un ancien brigadier de pontonniers, de Matzenheim, fut gardé pendant plusieurs jours dans la place. (Dr Sieffermann.)

sures. L'on s'employa sans retard à construire de nouveaux abris aux remparts.

Le maire, de son côté, fit construire, sur la Place Saint-Georges, un vaste blockhaus pour les habitants. En même temps, on protégeait, du mieux que l'on pouvait, les maisons qui semblaient devoir être le plus exposées.

Le 29 septembre, sur l'ordre télégraphique du général Cambriels, commandant à Belfort, tous les chevaux des lanciers partirent le soir même pour cette ville. Ils étaient environ 300, tous harnachés et furent menés par 150 cavaliers. Le convoi, dirigé par le sous-lieutenant Sémont, du 6e lanciers, quitta Schlestadt vers quatre heures du soir, au moment où les patrouilles ennemies semblaient exercer moins de surveillance. Une escorte de fantassins protégea leur départ et ne rentra en ville que vers onze heures du soir après avoir laissé quelques zouaves et mobiles en arrière.

Le 30, un convoi de vivres put encore pénétrer dans la place pendant que, du côté de la Chapelle, on échangeait une vive fusillade avec une petite troupe ennemie.

VIII. — LE PRÉFET ET LE COMMANDEMENT.

Dans les derniers jours de septembre la sourde hostilité qui régnait entre les autorités se manifesta : le préfet et son entourage d'une part, le commandant supérieur et son conseil de défense d'autre part. Le préfet multipliait ses arrêtés, méconnaissant les droits absolus du commandant d'une place bloquée par l'ennemi.

Le 26, il faisait connaître à ce dernier qu'il se mettait à la disposition du conseil de défense pour faciliter son action, toutes les fois qu'il le désirerait, et que cette action devra s'étendre aux intérêts civils, sa voix ne devant être, d'ailleurs, que facultative.

Le conseil de défense, tout en prenant acte de cette demande, fut unanime à déclarer que la composition du conseil a été définie par les lois et décrets, que toutes ses délibérations devaient rester secrètes, et qu'en conséquence il ne lui semblait pas permis de déroger à ces règles en s'adjoignant, même à titre consultatif, telle personne que ce puisse être.

Le 28, le préfet écrivait au commandant la lettre suivante qui devait amener la rupture entre eux :

J'apprends que l'autorité militaire a fait mettre en prison

un artilleur nommé Muller, et l'on me dit que la cause de cette punition consisterait en ce que cet artilleur aurait tenu dimanche dernier, au café du Vanol, le propos suivant : « Je propose un blâme contre Louis Napoléon qui a vendu la France aux Prussiens. »

Je suis convaincu que ce n'est pas pour avoir prononcé ces paroles que l'artilleur Muller a été puni ; mais je désire avoir de vous quelques explications à ce sujet, afin que la population de Schlestadt ne se figure pas qu'il est défendu de dire du mal de celui qui a fait tant de mal à la France.

Agréez, etc.

M. Engelhard.

Le 29 septembre enfin, le préfet fit afficher la proclamation suivante :

Aux habitants de Schlestadt.

La nouvelle de la reddition de Strasbourg s'est malheureusement confirmée.

L'ennemi va s'avancer sur Schlestadt qui saura se défendre.

La nation française, en présence d'événements aussi formidables, retrouvera l'énergie et l'audace qui commandent la victoire.

Il faut disputer le terrain pas à pas.

La France n'est pas morte ; et au plus fort du danger, nous affirmerons notre patriotisme par ce cri unanime : « Vive la République ».

Le préfet par délégation,
M. Engelhard.

Le commandant de place prit aussitôt l'arrêté suivant :

Le commandant de place, commandant supérieur ;
Vu les lois des 10 juillet 1791 et 9 août 1849 ;
Vu les circonstances graves du moment ;
Le conseil de défense entendu ;

>Arrête :

Toute mesure des autorités civiles intéressant la population, toute publication par voie d'affiches ou de tambour, toute dépêche télégraphique devra, à l'avenir, être préalablement approuvée ou visée par le commandant supérieur.

Les autorités civiles sont personnellement responsables de l'exécution du présent arrêté.

DE REINACH.

Le commandant supérieur avait d'ailleurs consulté télégraphiquement le ministre de la Guerre, en lui demandant si le préfet avait reçu des pouvoirs extraordinaires. Il lui fut répondu : « Rien n'est changé aux attributions des autorités civiles et militaires ; gardez tous vos droits ».

La situation étant ainsi nettement définie, le commandant notifia l'arrêté ci-dessus au préfet, en le priant d'en assurer la stricte exécution. Il lui communiquait, de plus, sa dépêche au ministre de la Guerre et celle qu'il en avait obtenue.

Le préfet lui répondit qu'il pouvait, à juste titre, se préoccuper des mesures militaires qui étaient ordonnées à Schlestadt, parce qu'il avait un ordre daté en blanc du général Cambriels pour disposer, dans un but convenu, de l'escadron de lanciers qui devait éclairer une colonne sortant de Neuf-Brisach. La reddition de Strasbourg rendait maintenant cette expédition impossible. Aussi allait-il quitter Schlestadt pour se rendre auprès du Gouvernement de Tours à qui il rendrait compte des procédés dont il avait été usé à son égard.

Ordre de se replier venait d'ailleurs d'être donné aux autorités civiles, et le départ du préfet mit fin à ces incidents regrettables, d'ailleurs peu connus du public. Chacun ne songea plus qu'à se tenir prêt pour l'attaque que l'on pressentait prochaine[1].

IX. — DU 1ᵉʳ AU 10 OCTOBRE.

Le 1ᵉʳ octobre, un parlementaire vint demander les noms des victimes de l'escarmouche du 27 septembre. Les jours suivants, sur la demande de l'autorité militaire, la ville fit dépaver le Chemin neuf, dans le but d'empêcher l'éclatement des obus ennemis. On devait

1. Le 30, beaucoup de femmes quittèrent la ville avec leurs enfants.

reconnaître bientôt que cette mesure entraînerait une gêne considérable pour la défense même.

La dislocation des troupes qui avaient assiégé Strasbourg était en voie d'exécution. La division badoise et la landwehr de la garde, qui devaient former le 14e corps, sous les ordres de Werder, se mirent en route pour traverser les Vosges. Le 2 et le 3, 1 500 hommes passèrent à Ebersheim et Châtenois, précédant le gros de la division badoise qui marchait sur Saint-Dié.

La 1re division de réserve fut rattachée au Gouvernement militaire de l'Alsace et fournit un détachement mixte posté à Epfig et à Benfeld pour surveiller, au nord, les abords de Schlestadt.

Le commandant supérieur fut informé le 8 octobre qu'un corps ennemi était en marche pour venir assiéger la ville. Il venait de la Haute-Alsace et les pluies torrentielles retardaient ses mouvements. Le 7 au soir, entre huit et neuf heures, on entendit une forte canonnade qui devait être dirigée contre Neuf-Brisach.

La mise en vigueur de la loi martiale fut proclamée le 9 octobre ; elle fut lue à trois appels successifs dans toute la troupe, garde nationale sédentaire comprise. Il fut interdit, sous des peines sévères, aux hommes de la garnison de fréquenter les cabarets après neuf heures du soir et le maire défendit tout chant dans ces mêmes lieux.

Le 10 au matin, la route de Barr à Schlestadt était encore libre[1]. Dans l'après-midi, les troupes de la 4e division de réserve venaient investir la forteresse[2].

[1]. Elle était desservie par un courrier, qui de Barr se rendait à Strasbourg.
[2]. Peu de jours auparavant, le 4 octobre, des dépêches venues de Colmar furent affichées en ville et produisirent un vif émoi. Elles annonçaient une grande victoire du général Trochu qui marchait sur Versailles avec 300 000 hommes.

CHAPITRE VI

L'INVESTISSEMENT

I. LA IVe DIVISION DE RÉSERVE. — II. LA PLACE CERNÉE. — III. CHOIX DU FRONT D'ATTAQUE. — IV. LES TROUPES TECHNIQUES. — V. LES PRÉPARATIFS DE SIÈGE. — VI. LA BATTERIE DE LA CHAPELLE.

I. — LA QUATRIÈME DIVISION DE RÉSERVE.

La Prusse avait maintenu des bataillons de landwehr dans le nord de son royaume pour s'opposer à toute tentative de débarquement d'un corps français sur les côtes de la Baltique. Lorsque cette éventualité ne fut plus à redouter ces troupes servirent à constituer de nouvelles unités qui vinrent renforcer l'armée d'invasion.

La 4e division de réserve, dont le commandement fut donné au général-major v. Schmeling, reçut la mission d'occuper la Haute-Alsace. Le 21 septembre, un ordre de l'état-major, daté de Ferrières, prescrivit au général de rassembler sa division à Fribourg-en-Brisgau, de passer le Rhin et de s'établir dans la Haute-Alsace pour surveiller les Vosges méridionales et la trouée de Belfort. Il devait rester en relations suivies avec le Gouvernement d'Alsace établi à Haguenau et le seconder de toute son action. Il aurait ensuite à investir les deux places fortes de Neuf-Brisach et de Schlestadt pour s'en emparer dès que Strasbourg aurait capitulé.

Dès la réception de cet ordre, le 25 septembre, v. Schmeling dirigea ses troupes, par voie ferrée, vers le lieu de concentration désigné ; elles y arrivèrent du 28 au 30.

La division comprenait deux brigades d'infanterie, une de cavalerie, dix batteries d'artillerie de campagne et une compagnie de pionniers. Ses services d'intendance et de santé ne furent complètement organisés que fin octobre. Elle franchit le Rhin, du 1er au 5 octobre, entre Neuenburg et Chalampe [1], à 25 kilomètres en amont de Brisach. Le passage se fit à l'aide de bateaux et de bacs. Dès le 7, un pont de bateaux reliait les deux rives.

Le 2 octobre avant midi, deux régiments d'infanterie, le 25e rhénan et le régiment de landwehr v.

[1]. Eichwald.

Scheuermann, quatre escadrons du 3ᵉ uhlans[1] et la 2ᵉ batterie légère d'artillerie[2] avaient traversé le fleuve. Le général résolut de diriger ces troupes vers Mulhouse, sous le commandement du colonel v. Knappstœdt. Elles furent renforcées par le régiment de landwehr v. Krane, avant d'occuper la ville où elles réquisitionnèrent des vivres et des fourrages. Elles coupèrent ensuite à Brunstatt le chemin de fer de Belfort et procédèrent au désarmement des localités de la région.

Pendant ce temps, le reste de la division observait Neuf-Brisach qui fut bloqué le 6 octobre. L'ordre, donné le 5 par de Moltke, prescrivait aussi d'investir la place de Schlestadt sans retard.

Mulhouse fut évacué du 6 au 9 ; le régiment v. Scheuermann rejoignit Neuf-Brisach, et les autres troupes furent dirigées par Ensisheim et Colmar sur Guémar où elles arrivèrent dans la matinée du 10 octobre. Elles avaient laissé à Meienheim un fort détachement pour couvrir la division ; mais la 3ᵉ batterie légère était venue les renforcer.

II. — LA PLACE CERNÉE.

Sur l'ordre du Gouvernement de l'Alsace, le détachement de la 1ʳᵉ division de réserve, qui occupait

1-2. Troupes de réserve.

Benfeld, était venu, le 10 octobre au matin, se poster au nord de Schlestadt, sur la ligne Ebersheim, Scherwiller, Châtenois, en plaçant des postes avancés le long du Giessen. Les troupes de la 4º division qui arrivaient à Guémar, allaient compléter l'investissement de la place.

ORDRE DE BATAILLE
DU CORPS D'INVESTISSEMENT LE 10 OCTOBRE

1ʳᵉ Division de Réserve [1]. Détachement Ostrowski.
    2ᵉ régiment combiné de landwehr de la Poméranie (Nº 21/54) :
        Colonel Ostrowski,
        Bataillon Deutsche-Krone,
        —   Bromberg,
        —   Inowrazlaw [2],
    2ᵉ régiment de réserve de uhlans, 4ᵉ escadron.
    1ʳᵉ batterie légère d'artillerie de réserve (du 9ᵉ corps).

4ᵉ Division de Réserve.
    1ʳᵉ Brigade mixte d'infanterie.
        Commandant : Colonel Knappe v. Knappstœdt.
    1ᵉʳ régiment d'infanterie rhénan Nº 25 [3]

---

1. Cette division avait assisté au siège de Strasbourg.
2. Actuellement Hohensalza. (Prov. Posen.)
3. 2 bataillons, sous les ordres du colonel v. Loos, étaient restés à Meienheim, avec 2 escadrons du 3ᵉ uhlans de réserve.

2ᵉ Bataillon : Lieutenant-colonel Engelhart
2ᵉ régiment combiné de landwehr de la Prusse orientale [1] (N° 4/5) :

> Colonel v. Krane,
> Bataillon d'Osterode,
> — de Graudens,
> — de Thorn.

3ᵉ régiment de uhlans de réserve.

> Colonel v. Schmidt.

1ᵉʳ et 4ᵉ escadrons.

2ᵉ et 3ᵉ batteries d'artillerie légère de réserve (du 4ᵉ et du 6ᵉ corps).

Le bataillon d'Ortelsburg du régiment de Krane assurait la garde du pont de Neuenburg.

Vers une heure de l'après-midi, un capitaine de uhlans, escorté d'un trompette portant le drapeau parlementaire, apparut sur la route de Colmar, vers l'auberge des *Deux-Clefs*. Il se dirigea sur la ville et fut reçu, à l'avancée de la porte de Colmar, par le lieutenant Nussard[2], du 6ᵉ lanciers, qui le conduisit au corps de garde. Le commandant de place arriva bientôt, accompagné du major Dussaule, du capitaine du génie

---

1. Kœnigsberg et Danzig.
2. Actuellement général de brigade de cavalerie.

Derbès et du sous-lieutenant de mobiles Schomas, mandé comme interprète.

L'officier allemand venait, de la part de son général, faire les sommations d'usage et demander la reddition de la ville afin de lui éviter le bombardement. La réplique du commandant de Reinach ne fut pas longue. « Je n'ai rien à répondre à cette sommation ; c'est le canon qui parlera pour moi. » Le parlementaire se retira.

Vers deux heures et demie, la 3e batterie légère de l'ennemi, prenant position à 200 mètres en deçà de l'auberge des *Deux-Clefs*, envoya plusieurs bordées d'obus sur les casernes et les remparts sans causer grands dégâts : la plupart des projectiles tombèrent dans les fossés des fortifications. L'ennemi se retira bientôt sous le feu du canon de la place. La nuit et la journée suivante s'écoulèrent dans le calme.

Le général v. Schmeling et son chef d'état-major v. Kretschmann étaient allés de Widensolen, leur quartier général, effectuer la reconnaissance des deux forteresses dont la division avait reçu mission de s'emparer. Devant l'impossibilité de les attaquer toutes les deux à la fois puisqu'il ne disposait pas de troupes suffisantes, le général se décida à assiéger d'abord Schlestadt. Il estimait en devenir plus facilement maître, à cause de la faiblesse de sa garnison et de la valeur moindre de ses fortifications. La prise de cette ville lui donnerait, en outre, la libre disposition du chemin de fer pour ses opérations ultérieures.

Le 12 octobre, les troupes de la brigade v. Knappstœdt se relièrent à celles du détachement Ostrowski. Elles occupèrent : à l'est, Baldenheim et Mussig ; à l'ouest, les villages depuis Scherwiller jusqu'à Saint-Hippolyte. Cependant, des femmes et des enfants avaient encore pu quitter la ville au dernier moment : le maire les y avait conviés avant qu'il n'en fût plus temps.

Une compagnie du bataillon de Thorn, du 5ᵉ régiment de landwehr, était venue occuper la ferme du Schnellenbühl[1]. Le 13 au matin, elle s'avança jusqu'au moulin Wagner et plaça des avant-postes à la Chapelle : un officier les commandait.

De ce côté, l'ennemi ne pouvait s'approcher davantage de la ville à cause de l'inondation. Les ouvrages de la Steiner-Kreuzbrucke battaient la chaussée de Marckolsheim dont les bords étaient baignés par les eaux. Les tabliers des trois ponts, qui se trouvaient entre la redoute et la Chapelle, avaient été enlevés ; des poutrelles, jetées sur les piliers, ne permettaient que le passage d'un homme de front. Les arbres de la route

---

1, Du nom de son propriétaire au XIIIᵉ siècle : Schnell, Schultheissen. (maire) de Schlestadt.

avaient été abattus jusqu'au bouquet de peupliers qui entourait le banc de repos situé en face de la Chapelle. Les vedettes prussiennes trouvèrent un abri derrière ces arbres.

Le 15, deux bataillons de landwehr, Tilsitt et Wehlau du régiment v. Scheuermann, vinrent renforcer le corps assiégeant. Toutes les troupes d'infanterie furent aussitôt exercées aux travaux de pionniers et instruites de leur rôle en cas d'attaque des tranchées.

Le pont de Neuenburg, trop éloigné pour la division, fut replié le 16; et le bataillon d'Ortelsburg rejoignit son régiment devant Schlestadt. Le Génie jeta un nouveau passage sur le Rhin entre Artzenheim et Ichtingen avec Riegel comme tête d'étapes. En même temps, les bacs de Wiswil et de Saspach furent rétablis; le matériel de pontonniers, trouvé à Strasbourg, fut utilisé pour ces différents travaux.

III. — CHOIX DU FRONT D'ATTAQUE.

Les états-majors de l'artillerie et du génie arrivèrent à Kintzheim le 13 octobre et procédèrent aussitôt aux reconnaissances. Ils avaient pour chefs le lieutenant-colonel d'artillerie v. Scheliha et le lieutenant-colonel du génie Sander, ingénieur en chef, qui, tous deux, avaient assisté au siège de Strasbourg.

Le choix du front d'attaque de la forteresse fut bientôt arrêté. L'inondation rendait les faces est et sud inabordables. Au nord-ouest, le terrain était coupé par le canal de Châtenois et par le Giessen dont les eaux, souvent grossies par les pluies à cette époque de l'année, pouvaient gêner les communications d'un corps assiégeant. A l'ouest, le bastion 29 se trouvait un peu en saillie et le général décida, sur la proposition des chefs techniques, que l'attaque principale porterait sur ce bastion. Le terrain d'approche était favorable : appuyé d'un côté sur l'inondation, il ne se relevait que lentement vers la montagne. Il était planté de vignes qui pouvaient cacher les hommes et favoriser l'approche. La ligne du chemin de fer le traversait du nord au sud en formant un remblai qui offrait à l'assaillant une excellente masse couvrante. Des villages, peu éloignés, assuraient en outre aux troupes un cantonnement convenable.

A partir du 13, un cordon de vedettes entoura la ville ; tout passage était gardé. La Place continuait à tirer sur toutes les sentinelles ou patrouilles qu'elle apercevait et des coups de fusil s'échangeaient entre les avant-postes dans la journée ; mais, la nuit, tout redevenait tranquille.

Le 14, le canon tonna de temps à autre. Sans but bien précis, l'assiégé dirigeait son feu sur les terrains qui s'étendaient entre le chemin de fer et les villages. On avait avisé le commandant supérieur que l'ennemi exécutait des travaux de terrassement de ce côté. Cependant, l'ordre fut rappelé de ne tirer qu'avec la plus grande circonspection pour éviter des accidents aux gens des villages qui pouvaient travailler dans les champs. Cette restriction fâcheuse facilita leur tâche aux officiers prussiens qui purent opérer sans danger leurs premiers travaux.

Le 15, le canon tira plusieurs fois sur les troupes postées sur la route de Marckolsheim.

IV. — LES TROUPES TECHNIQUES.

Le général v. Schmeling avait demandé, comme troupes techniques et matériel de siège, douze compagnies d'artillerie de place, quatre de pionniers de forteresse et cinquante-six pièces de siège, approvisionnées chacune à 300 coups. Les troupes furent désignées en même temps que le matériel était rassemblé à Vendenheim, près de Strasbourg.

Un premier groupe d'artillerie, comprenant cinq compagnies, arriva le 15 octobre à Saint-Hippolyte où devait être établi le parc. Il précédait le convoi des voitures de réquisition qui amenaient le matériel, car le chemin de fer de Strasbourg était coupé en plusieurs endroits. Au lieu de 1 200 voitures à deux chevaux qu'il aurait fallu avoir, on ne put en réunir que 560, auxquelles on adjoignit 40 voitures militaires [1]. Le parc de siège fut divisé en deux échelons, dont le premier arriva le 16 au soir à destination. Il comprenait 28 pièces de grosse artillerie avec munitions, ainsi que tout le matériel nécessaire pour l'établissement des batteries.

Deux batteries d'artillerie à pied bavaroise escortaient le convoi avec 120 fantassins et 50 cavaliers. Les artilleurs restèrent cantonnés à Châtenois. Les voitures furent déchargées dès le lendemain à Saint-Hippolyte et repartirent pour Vendenheim, à l'exception d'une centaine qui restèrent affectées au service du parc.

Le 18, arrivèrent quatre nouvelles compagnies d'artillerie de place qui occupèrent Orschwiller. Le 18 et le 19, vinrent quatre compagnies de pionniers de place qui furent réparties entre Châtenois et Kintzheim ; le parc du Génie fut installé dans ce dernier village.

Le 19, un deuxième convoi de matériel d'artillerie, avec 95 voitures, arriva à Saint-Hippolyte sous l'escorte d'une douzième compagnie.

1. Les conducteurs furent des canonniers auxquels on donna des pantalons de cheval d'artilleurs français provenant de Strasbourg. (P. Wolff.)

V. — LES PRÉPARATIFS DE SIÈGE.

Pendant que l'ennemi s'occupait à ces préparatifs, l'investissement de la place se resserrait tous les jours davantage. Les sentinelles s'approchaient, dans la nuit, le plus possible des fortifications afin d'empêcher toute communication des assiégés avec l'extérieur. Pendant le jour, elles se repliaient à 2 400 mètres des glacis.

Le 16 octobre, une batterie volante s'établit en avant de Kintzheim et lança quelques obus sur la ville qui riposta vigoureusement, cherchant à atteindre les groupes qui se défilaient dans les vignes. Le commandant d'artillerie avait pu reconnaître, à l'aide d'une lunette d'approche, les travaux que l'ennemi exécutait à Saint-Hippolyte; mais il ne disposait pas de projectiles à portée suffisante pour les atteindre : ses canons ne pouvaient pas tirer au delà de 3 000 mètres. Il en rendit compte au conseil de défense, en signalant en même temps le manque de projectiles éclairants qu'il avait vainement demandés.

Le 17, un vif émoi régna dans la ville. Un incendie éclata dans la tannerie Gsell dont les séchoirs étaient attenants à l'arsenal du Grand-Couvert, voisin de l'usine à gaz. Les flammes léchaient les murs d'un appentis où avait été installé un dépôt provisoire de mille projectiles de 24 chargés ; des flammèches tombaient sur la toiture qui abritait les obus. Le feu put être rapidement arrêté. Un individu, soupçonné de l'avoir allumé par malveillance, fut arrêté et incarcéré.

Le 18, le canon gronda par intervalles pour inquiéter des groupes ennemis qui se montraient vers la forêt ; les gardes avaient dû évacuer, la veille, les maisons forestières.

Les abris que la troupe avait établis le long des courtines, au pied des remparts, étaient à peu près achevés ; et chaque compagnie ou batterie allait pouvoir s'établir près de son poste de combat.

Le 19, vers neuf heures du matin, une batterie volante se posta entre Kintzheim et Châtenois, à 2500 mètres de la ville et envoya plusieurs obus dont quelques-uns éclatèrent sur le Chemin-neuf sans causer grands dégâts ; les autres tombèrent dans les fossés des fortifications. L'artillerie des bastions ouest ouvrit aussitôt son feu, et l'ennemi se retira vers midi. Dans l'après-midi, c'est de la *Maison Rouge*, au delà du Giessen, que furent envoyés de nouveaux projectiles ; les canons du cavalier 32 réduisirent au silence le feu de la batterie prussienne.

Ces tirs répétés des Allemands pouvaient avoir pour but de détourner l'attention de l'assiégé. Afin de prévenir toute surprise, le commandant de l'artillerie mit en garde contre une attaque à l'improviste le maréchal des logis qui commandait la redoute 12.

Le général v. Schmeling était venu prendre le commandement des troupes le 17 octobre, et avait installé son quartier général à Kintzheim. Il divisa le corps assiégeant entre trois secteurs pour lesquels il fixa les points de rassemblement.

SECTEUR NORD. — Colonel Ostrowski.

Ebersheim. — Bataillon de Bromberg;
    1/2 1er escadron du 3e uhlans de réserve.

Scherwiller. — Bataillon d'Ortelsburg et d'Inowrazlaw.

Front nord, depuis le Giessen, au sud-ouest de Scherwiller, jusqu'à l'Ill du côté d'Ebersheim.

Point de rassemblement : croisement des routes de Schlestadt à Barr, et de Scherwiller à Ebersheim.

SECTEUR EST. — Capitaine Fany, commandant le bataillon.

Mussig. — Bataillon de Wehlau, 2 compagnies;
    1/2 1er escadron du 3e uhlans de réserve.

Schnellenbühl. — Bataillon de Wehlau, 1 compagnie.

Moulin de la Chapelle. — Bataillon de Wehlau, 1 compagnie;
    2e compagnie du R^t d'artillerie à pied de Westphalie, n° 7.

Front est : rive droite de l'Ill.
Point de rassemblement : Mussig.

SECTEUR OUEST. — Colonel v. Knappstœdt, commandant la 1re brigade.

Châtenois. — Bataillon d'Osterode ;
- 1/4 4e escadron du 3e uhlans de réserve ;
- 2e et 3e batteries du 3e régiment d'artillerie à pied bavaroise ;
- 2 compagnies de pionniers de place (1re du 7e corps et 4e bavaroise).

Kintzheim. — 2e bataillon du régiment d'infanterie rhénan n° 25 ;
- 2 compagnies de pionniers de place (2e du 10e corps, et 2e badoise) ;
- Parc du génie.

Orschwiller. — 1/2 bataillon de Thorn ;
- bataillon de Graudenz ;
- 1er groupe d'artillerie de place : 1re, 3e, 6e et 16e compagnies du régiment d'artillerie de place de Westphalie n° 7 (Prusse rhénane) ;
- 1re compagnie du régiment d'artillerie de place du Hanovre n° 10 ;
- Parc d'artillerie.

Guémar. — Bataillon de Tilsitt ;
- 3/4 4e escadron du 3e uhlans de réserve.

Front ouest : depuis le pont du chemin de fer sur le Giessen jusqu'au cimetière Sud de la ville.

Point de rassemblement : croisement des routes d'Orsch-willer et de Saint-Hippolyte vers Schlestadt.

RÉSERVE. — Bataillon Deutsche-Krone.
    4ᵉ escadron du 2ᵉ régiment de uhlans de réserve ;
    1ʳᵉ batterie légère d'artillerie de réserve (9ᵉ corps).

Cantonnements variables. A la disposition du général en chef pour opérer des reconnaissances dans les Vosges et protéger l'arrière du corps d'attaque.

Les détachements devaient conserver liaison entre eux et poster des sentinelles avancées. En cas d'alerte, une compagnie restait pour garder le cantonnement. Un lazaret de campagne et un magasin d'approvisionnement avaient été formés à Marckolsheim.

Dans la nuit du 18 au 19, la chaîne de tirailleurs s'avança, sur le côté ouest, jusqu'à 800 mètres de la crête des glacis, en s'abritant dans les vignes ou dans des tranchées ; le jour, elle se retirait à 1600 mètres. Les avant-postes du nord restaient sur les bords du Giessen, et ceux de l'est, à la lisière des bois. Tous avaient à leur tête un officier.

L'étude plus approfondie du front ouest, à laquelle avait procédé le lieutenant-colonel Sander, confirma tous les premiers projets. Il fut décidé que la première parallèle suivrait, en majeure partie, le tracé du chemin de fer, couverte immédiatement par le remblai de la voie. S'appuyant, au nord, contre les bâtiments de la gare qui étaient détruits, elle devait se diriger jusqu'au coude que formait la route d'Orschwiller, puis aboutir vers la pointe du cimetière Sud. Les tranchées de cheminement de la parallèle à la Place d'Armes comprendraient trois sections établies de façon à les défiler du feu de l'assiégé. Le lieu de rassemblement était choisi à 800 mètres en avant de Kintzheim, derrière un rideau d'arbres.

Les batteries de siège, dont le lieutenant-colonel v. Scheliha et le capitaine Neumann avaient déterminé l'emplacement, devaient être construites à 50 mètres en arrière de la parallèle, à droite et à gauche du chemin de Kintzheim, à 800-900 mètres du front des remparts. Au nombre de six, leur armement était fixé à 28 canons ou mortiers.

Le terrain qui séparait l'emplacement des batteries des glacis était bien déblayé ; mais les ceps de vigne qui garnissaient les champs n'avaient été que couchés : en les relevant on pouvait masquer un peu les travaux d'approche.

Les tranchées à creuser comprenaient 2400 mètres de cheminement et 800 mètres de parallèle. Deux mille travailleurs, placés à deux pas l'un de l'autre, pouvaient exécuter tous ces travaux en une nuit.

VI. — LA BATTERIE DE LA CHAPELLE.

Ces dispositions arrêtées, l'assiégeant résolut d'établir, tout d'abord, une batterie de 4 pièces de 12, au sud-est de la place. Son but était de détourner ainsi l'attention de l'assiégé du véritable point où l'attaque devait se préparer, puis de le troubler dans ses travaux de résistance en prenant les remparts à revers, au moment où les batteries de l'ouest allaient entrer en action.

L'emplacement choisi se trouvait à la lisière de la forêt, à 200 mètres au nord de la route de Marckolsheim, derrière un chemin d'exploitation forestière qui formait levée, sur les confins du district Grossschlag. Ce chemin longeait la rive droite d'un bras de l'Ill appelé la Riedlach, dont un canal de dérivation actionnait le moulin de la Chapelle. Il formait un remblai de près de 80 centimètres de hauteur dont l'inondation, couvrant le ruisseau, venait baigner le bord, du côté de la ville.

La batterie, qui prit le numéro 1, fut construite, dans la nuit du 19 au 20 octobre, par la 2e compagnie du régiment d'artillerie à pied de Westphalie n° 7 (Prusse rhénane), capitaine Trüstedt, venue le 18 de Saint-Hippolyte. Elle avait comme soutien la compagnie d'infanterie qui occupait le moulin.

Le terrain, détrempé à une faible profondeur et entremêlé de racines, ne fut excavé que difficilement, et le terre-plein de la batterie ne put être établi qu'à 0^{m}65 de profondeur. La levée du chemin servit d'épaulement, et l'on pratiqua dans le remblai même les abris pour munitions. Pour masquer les terres fraîchement remuées, on y planta des branches de saule qui se confondirent avec les arbres existant le long du ruisseau.

Ces travaux, commencés à sept heures et demie du soir, échappèrent complètement aux assiégés. L'emplacement de la batterie ne fut connu par eux qu'au moment où s'ouvrit le feu. Dès quatre heures du matin, on achevait l'armement. Chaque pièce était approvisionnée de 10 obus à balles (shrapnels) et de 90 obus dont un certain nombre incendiaires.

La batterie se trouvait à 1 600 mètres de la redoute 12, à 2 200 mètres de la demi-lune 26, à 2 400 mètres des casernes, à 2 500 mètres de la Porte de Strasbourg et à 2 800 mètres des bastions 29 et 30. On lui assigna comme objectif de démonter les canons de la redoute 12, de démolir la porte de sortie de la demi-lune 26, mettre le feu aux magasins situés dans cette dernière, incendier les casernes, enfin battre la route pour empêcher toute sortie de troupes de la place.

La nuit du 19 au 20 octobre fut tranquille dans la cité investie; mais dès le lendemain matin, un violent bombardement allait commencer.

CHAPITRE VII

LE BOMBARDEMENT

I. OUVERTURE DU FEU. — II. LES JOURNÉES DU 21 ET DU 22. — III. LES TRAVAUX D'APPROCHE. — IV. ATTAQUE GÉNÉRALE. — V. LA NUIT DU 23 OCTOBRE. — VI. L'AGONIE. — VII. LA CAPITULATION.

I. — OUVERTURE DU FEU.

Le commandant supérieur avait été averti, dans la matinée du 20 octobre, qu'un parti ennemi nombreux occupait le moulin et les alentours de la Chapelle[1]; mais il ignorait les travaux que l'artillerie prussienne avait exécutés pendant la nuit. Vers huit heures, il se rendit au bastion 34 avec le commandant de l'artillerie et, pour empêcher les avant-postes de se retran-

1. La chapelle fut bâtie en 1485. Vendue comme bien national sous la Révolution, elle fut achetée par la ville, plus tard, à un sieur Himmelspach qui l'avait acquise. Incendiée en 1815, afin d'enlever un point d'appui et un lieu de refuge à l'ennemi pendant le bombardement, elle fut rebâtie après la guerre, puis restaurée en 1854. En 1870, la maison forestière qui y attenait fut criblée d'obus par la Place ; la cave était le seul endroit dont la porte ne fut pas brisée par les projectiles.

cher dans la maison forestière attenant à la Chapelle même, il donna l'ordre de tirer à volonté sur ces bâtiments. L'officier d'artillerie de service, le lieutenant Vatin, fit ouvrir le feu avec une pièce de 12 de siège établie au saillant du bastion : quelques projectiles furent logés dans la façade de la maison.

Soudain, une fumée blanche se détacha de la lisière des bois, à 200 mètres environ à gauche de la route et un obus, passant au-dessus des remparts, alla tomber dans le quartier du Ladhof : il était neuf heures. Pendant que la Place repérait le point d'où venait le feu, la batterie ennemie, se démasquant, commença un tir régulier[1] contre la redoute 12 et la demi-lune 26 qui couvrait la Porte de Brisach. Vers dix heures, le magasin à fourrages était en flammes et brûlait complètement.

Les défenseurs de la redoute et de son annexe, artilleurs et zouaves que commandait le maréchal des logis Gérard, du 6ᵉ régiment d'artillerie, homme énergique, ripostèrent de leurs trois pièces de campagne qu'appuyèrent les quatre canons de la demi-lune. Bientôt les pièces de fort calibre, en position sur les remparts depuis l'usine à gaz jusqu'aux casernes[2],

---

1. Elle lança sur la forteresse 488 obus (dont 136 incendiaires) et 11 shrapnels, du 20 au 24 octobre. (Cap. Wolff.)
2. Un canon rayé de 12 de siège — un canon rayé de 4 — 3 canons lisses de 16 — 1 de 12 — 2 obusiers de 16 — 1 de 12.

attaquèrent simultanément la batterie ennemie. Celle-ci avait été habilement disposée de façon à présenter le moins de prise aux projectiles de la Place : trop courts, ils s'enfonçaient dans l'eau sans éclater; trop longs, ils se perdaient dans les bois. Cependant quelques coups portèrent si bien qu'ils endommagèrent sérieusement l'ouvrage. L'ennemi dut ralentir son tir et même le suspendre vers midi, pour réparer les dégâts survenus; de son côté, la forteresse faisait taire ses canons.

A une heure, la 7e compagnie de mobiles vint relever la 5e à la porte de Brisach, dont l'avancée fut occupée par vingt gardes mobiles et six artilleurs. Le commandant supérieur décida, ce même jour, qu'un piquet de cinquante hommes avec deux officiers serait désigné chaque jour pour seconder les pompiers. Il fit allouer aussi aux troupes les allocations de vivres de campagne avec distribution d'eau-de-vie.

Vers quatre heures du soir, les Allemands recommencèrent à lancer des obus sur les casernes et sur le manège. Ils ne réussirent pas à mettre le feu à ces bâtiments, mais plusieurs incendies éclatèrent dans leur voisinage. On parvint à les éteindre non sans qu'il y eût quelques blessés, car l'ennemi couvrait de ses projectiles toute maison qui brûlait. Les assiégés répondirent avec vigueur jusqu'au soir; ils cessèrent alors leur feu. Ordre avait été donné de ménager les munitions puisque l'on ne pouvait pointer les canons dans les ténèbres : ce silence inquiéta beaucoup les habitants.

Une grande partie de la nuit, de demi-heure en demi-heure, le canon prussien envoyait quelques obus sur le quartier Sud de la ville et sur les casernes dont la toiture eut beaucoup à souffrir. Il en tomba sur le Chemin-neuf : l'un d'eux pénétra dans la maison de Mme Parizelle à côté de la Fausse-Porte, et un autre endommagea l'escalier extérieur qui menait à la galerie de cette tour. Une femme fut tuée dans la rue de Brisach; deux lanciers et le sergent-major Baum, des mobiles, furent blessés en concourant à éteindre un incendie.

La redoute 12 avait été assez maltraitée dans la journée. Son chef, craignant que la batterie de la Chapelle s'acharnât contre l'ouvrage, évacua celui-ci à la nuit[1] et plaça ses canons dans une position qu'il avait reconnue; au petit jour, il rentra son matériel dans la redoute. L'ennemi, de son côté, avait pu consolider le terre-plein de la batterie au moyen de traverses de chemin de fer.

Pendant ce temps, les avant-postes de l'ouest s'a-

---

1. La porte étant trop étroite pour le passage d'un affût, il dut démonter ses pièces pour les sortir de la redoute.

vancèrent jusqu'à 300 mètres des crêtes du chemin couvert, tout près des lunettes abandonnées. Les vedettes creusèrent des tranchées ou des trous pour s'y abriter; les soutiens se postèrent à 150 et 300 mètres derrière elles.

Les assiégés entendirent, du haut des remparts, le bruit des travailleurs et ils cherchèrent bien à les inquiéter par des feux de mousqueterie : tirés sans but exact, ceux-ci restèrent sans effet. La place ne possédait ni les fusées, ni les projectiles éclairants qui lui eussent été nécessaires pour explorer le terrain avancé. On essaya d'utiliser un phare lumineux; mais la portée des rayons était insuffisante et l'on ne put en tirer aucun parti. Aucune sortie ne fut tentée, ni maintenant, ni les nuits suivantes, pour tâcher de reconnaître les travaux qui s'exécutaient afin de les détruire ou au moins de les gêner : ce fut une faute de la défense.

II. — LES JOURNÉES DU 21 ET DU 22.

Le 21 au matin, la batterie de la Chapelle reprit son tir contre le quartier Sud de la ville pendant qu'une batterie volante, postée sur la route d'Orschwiller, lançait quelques bordées d'obus. Le manège de cavalerie, rempli de fourrages, prit feu et fut réduit en cendres[1] ; tout secours était devenu impossible, car les abords n'étaient pas tenables. Le front Est fut attaqué à son tour, et les projectiles prussiens tombèrent jusque sur les courtines qui entouraient la Porte de Strasbourg, inquiétant les troupes et détournant l'attention des assiégés du point véritable où se préparait l'attaque.

La 1re batterie de mobiles, qui occupait les bastions 33-36, multipliait ses feux et répondait énergiquement. A sa gauche, le capitaine Mouron surveillait le tir de deux pièces de 12 rayées et de pièces de 4 qui étaient venues s'ajouter à l'armement dans cette partie de l'enceinte. De son côté, le capitaine Morio mit deux canons en batterie en arrière du flanc gauche du bastion 28 ; et, prenant du champ, il exécuta heureusement un tir plongeant. Toute l'action de la défense convergeait ainsi vers la batterie de la Chapelle qui en souffrit énormément. De nombreux projectiles français atteignirent l'ouvrage ; quelques-uns éclatèrent dans son intérieur, démontant l'une des pièces, tuant deux artilleurs et en blessant un troisième. Vers onze heures, la batterie dut cesser son feu, mais elle avait rempli sa mission. Les casernes, criblées d'obus,

---

1. Il ne resta plus dès lors que 400 quintaux de foin pressé réparti en trois endroits différents : c'était une provision suffisante pour les besoins d'une vingtaine de jours.

LA BATTERIE DE LA CHAPELLE.
Dessin de L. Gentil, d'après une photographie.

durent être abandonnées à l'exception des écuries qui étaient blindées et où demeurèrent une compagnie et demie de mobiles (4ᵉ et demi-6ᵉ); la 2ᵉ compagnie et la demi-6ᵉ allèrent occuper les abris construits sur les courtines entre le collège et la Porte de Strasbourg. La 8ᵉ compagnie fut affectée en permanence à la défense de ce secteur.

Le bombardement reprit entre quatre heures et six heures du soir, puis vers neuf heures; mais il cessa pendant la nuit que l'ennemi employa à restaurer sa batterie et à remplacer un canon égueulé.

A l'ouest, les avant-postes ennemis élargirent leurs tranchées pour permettre aux soutiens de s'y loger le lendemain. Le Génie traça la direction des deux sections de la communication qui devait relier la place de rassemblement à la parallèle projetée; les vignes furent coupées sur une largeur de cinq mètres dans tout le parcours. L'artillerie amena son matériel à 400 mètres derrière l'emplacement choisi pour les batteries qu'elle devait construire. Vingt voitures à deux chevaux lui furent nécessaires; les assiégés qui entendirent leur roulement se contentèrent de lancer quelques projectiles pour balayer les routes de la montagne. Le capitaine Glodkowski, de l'artillerie westphalienne, fut grièvement blessé en revenant de placer son dépôt de munitions.

Toute la journée du 22, des coups de canon furent échangés entre la place et des batteries volantes qui se postèrent vers Kintzheim et Châtenois. La batterie de la Chapelle, restaurée et réapprovisionnée, avait repris son tir qu'elle dirigeait tant sur les casernes et les poudrières que sur les bâtiments militaires de la ville. Les bastions de l'est ripostaient toujours avec vigueur. Un canon de la redoute 12, démonté, dut être remplacé. L'ouvrage, qui avait été fort éprouvé, faillit être abandonné; mais, sur le rapport du lieutenant de la 1re batterie qui le visita dans la journée, on continua de l'occuper en pratiquant toutefois des dispositifs de mine pour faire sauter les murs en cas d'évacuation forcée.

Vers six heures du soir, le tir de l'ennemi redoubla de violence. La Porte de Brisach, qu'occupait la 2e compagnie de mobiles, fut couverte de projectiles; les chaînes du pont-levis furent brisées et de nouveaux incendies se déclarèrent aux alentours de cette porte. Plusieurs obus tombèrent sur l'hôpital et sur le Pavillon : la Place ne répondait pas. Le feu prit au Quartier, mais put être éteint; la comptabilité du dépôt des lanciers fut brûlée.

III. — LES TRAVAUX D'APPROCHE.

Le général v. Schmeling jugea le moment venu d'ouvrir la première parallèle et d'établir derrière elle ses batteries d'attaque. Il avertit les chefs de détachements de sa détermination en leur indiquant le nombre de travailleurs qu'ils devaient fournir le soir même. Les parcs de l'artillerie et du génie furent avisés de tenir prêt tout le matériel nécessaire.

A la chute du jour, le 2e bataillon du régiment rhénan n° 25 prit les avant-postes avec mission de protéger les travaux. Deux compagnies se déployèrent en tirailleurs derrière la ligne du chemin de fer. Les vedettes s'avancèrent jusqu'à 150 ou 200 mètres de la crête des glacis; les soutiens occupèrent les tranchées qui avaient abrité, la veille, les vedettes; les réserves se placèrent à 50 mètres derrière la gare et à 100 mètres derrière le cimetière Sud : toutes ces troupes durent se coucher, armées, sur le sol, et observer le plus grand silence. A 600 mètres derrière elles, la réserve principale, formée du bataillon Deutsche-Krone, occupait les deux côtés de la route de Kintzheim. Le colonel v. Knappstœdt se tenait prêt à repousser toute attaque.

Les travailleurs avaient été réunis vers six heures à Kintzheim pour être dirigés sur le lieu de rassemblement. Ils comprenaient seize cents hommes des bataillons Graudenz, Thorn, Tilsitt et 200 pionniers badois ou bavarois. Après avoir reçu des pelles et des pioches, ils se mirent en marche, à sept heures et demie du soir, pour gagner l'emplacement qui leur était assigné.

Le colonel v. Krane, qui en avait le commandement, les divisa en quatre colonnes dont l'une, formée des pionniers avec 350 fantassins, gagna le chemin de fer pour creuser la parallèle. Les trois autres furent employées à établir les communications. Les officiers du Génie dirigèrent les travaux.

L'artillerie, qui devait construire ses batteries et creuser des tranchées pour les relier entre elles et à la parallèle, eut une besogne particulièrement pénible. La nature du sol, formé de cailloux roulés, englobés dans une argile compacte, rendait l'excavation difficile, et les terre-pleins des batteries ne purent être établis qu'à 0^{m}65 et un mètre au plus de profondeur. Cependant, à quatre heures et demie du matin, l'on put mettre en place les pièces; les munitions furent logées dans des abris creusés un peu en arrière dans le sol et recouverts de blindages. A six heures et demie, les batteries étaient achevées et armées.

Elles étaient établies, au nombre de six, à droite et

à gauche de la route de Kintzheim, derrière la croix de pierre d'où partait l'ancien chemin du village : une distance de 800 mètres séparait ce point du bastion 29. Les batteries latérales II et VII comprenaient 4 mortiers de 28 et 4 de 23; les batteries III et VI étaient formées chacune de 6 canons de 12. Au centre, 7 canons courts de 15 constituaient les batteries IV et V de brèche[1]. Chacune d'elles avait son objectif de tir bien déterminé, et était desservie par une compagnie d'artillerie de place.

Au sud de la parallèle, la 2ᵉ batterie légère de réserve se tenait prête à repousser toute attaque de l'assiégé. Au nord, la 3ᵉ batterie légère était postée dans le même but; cette dernière établissait en outre une batterie fixe de deux pièces de 8 (batterie IX). Vers quatre heures du matin, le bataillon d'Ortelsburg et la 2ᵉ compagnie de pionniers du 10ᵉ corps entrèrent dans la parallèle qu'ils approfondirent à 1ᵐ10; au point du jour, les vedettes s'y retirèrent.

Les cantonnements de Guémar et de Châtenois, dont les troupes se trouvaient massées en avant de Kintzheim, furent occupés par des détachements

---

[1]. Une 8ᵉ pièce, tombée dans un fossé, ne fut mise en position que dans la nuit du 23. Les canons courts de 15 centimètres, de création récente, étaient destinés principalement à des tirs indirects; leurs obus allongés contenaient une charge explosive de près de deux kilogrammes.

La batterie V devait faire la brèche dans la face droite du bastion 29.

venus de l'est et du nord. Des sentinelles veillaient dans la montagne, et les cavaliers exploraient la vallée : toutes les dispositions étaient prises pour la lutte décisive.

Les mouvements des troupes, exécutés par une nuit étoilée et calme, avaient échappé à l'assiégé. Cependant les officiers de service sur les bastions remarquèrent les falots que ne pouvaient pas toujours dissimuler les travailleurs; ils perçurent bientôt aussi le bruit des pioches, puis le roulement des canons, mais sans se rendre un compte exact de l'éloignement de l'ennemi. Ils avertirent aussitôt le commandant Pinot qui, depuis plusieurs jours déjà, s'était installé au bastion 31. Ordre fut donné, vers neuf heures, aux officiers des cavaliers 30 et 31, de lancer quelques obus à mitraille pour balayer les routes et le terrain d'approche dans une zone moyenne de 1800 mètres, repérée d'après le bruit et les lumières. Ce tir était beaucoup trop élevé, et, quoiqu'il ne fût arrêté que vers minuit, il ne causa pas grand mal aux assiégeants[1]. Leur groupe principal, posté à mille mètres à peine des remparts, put mener à bonne fin sa tâche, sans être sérieusement inquiété : les projectiles passaient au-dessus des travailleurs.

1. Il y eut un artilleur tué et deux blessés.

Fort préoccupée pendant toute la journée de ce qui se passait du côté de la forêt, la défense avait observé avec moins d'attention le terrain à l'ouest de la place. Le commandement était sans doute loin de penser que, d'emblée, l'ennemi prendrait position aussi proche du canon de la forteresse et réussirait, en une nuit, à établir sa première parallèle et ses batteries. Il ne tenta rien pour reconnaître ce qui se passait et fut trop ménager de ses munitions pour au moins battre le terrain.

Dans la nuit, un émissaire du maire put quitter la ville par la forêt de l'Ill. Il était porteur d'une lettre destinée au commissaire de la défense nationale, M. A. Grévy, à Besançon : « Depuis quatre jours l'ennemi nous lance des obus qui, heureusement, n'ont pas encore fait grand mal à notre place. L'esprit de la population est excellent; *nous résisterons autant qu'il sera possible.* »

IV. — ATTAQUE GÉNÉRALE.

Le dimanche 23 octobre, au lever du jour, les assiégés découvrirent les batteries allemandes, et commencèrent, dès sept heures, le feu contre elles. La batterie IV lança aussitôt quelques projectiles contre le bastion 30 : ce fut le signal d'un violent combat d'artillerie[1]. L'assiégeant entrait en lutte avec ses 27 pièces de siège. L'assiégé ne pouvait leur opposer efficacement qu'une partie des bouches à feu qui se trouvaient en position sur ses remparts, depuis le bastion 28 jusqu'au bastion 31 : des embrasures, préparées d'avance, lui permirent de mettre en batterie six nouvelles pièces de siège et quatre canons de campagne qui entrèrent en action tout aussitôt.

La canonnade devint terrible : sur les cavaliers 30 et 31, les grosses pièces de 24 et les obusiers tonnaient avec fracas. Sur les courtines, abritée derrière les parapets, l'infanterie soutenait l'artillerie par son feu[2]. Les obus et les bombes de l'ennemi éclataient sur tous les points des remparts et du front Ouest de la ville. L'ennemi cherchait surtout à détruire les travaux de la défense et à démonter ses canons : les embrasures larges et profondes des remparts lui permirent d'atteindre facilement ce but. Ses propres batteries, dont le profil dépassait à peine l'horizon, étaient moins vulnérables aux coups de la Place.

La batterie de la Chapelle, qui avait repris son tir,

---

1. Les six batteries nouvelles lancèrent sur la ville en vingt-quatre heures 1552 projectiles : 510 bombes, 920 obus, 122 shrapnels. (Cap. Wolff.)
2. Cependant le feu de l'infanterie faisait du mal à nos batteries. (P. Wolff.)

battait le front Est et lançait des obus sur la Porte de Strasbourg, dans le but d'empêcher une sortie des troupes ; mais en même temps, elle prit à revers le front Sud-Ouest des remparts et elle y causa un vif désarroi.

Les bastions 28 et 29 furent le plus violemment attaqués tout d'abord. Les batteries allemandes II, III et V, à peine éloignées de 800 à 900 mètres, les couvrirent de projectiles. Pris de face et de dos, les artilleurs de la batterie Juliers furent bientôt réduits à l'impuissance : la situation devenait intenable. Les officiers et quelques hommes restèrent seuls à leur poste de combat, que labouraient les éclats d'obus et les balles des shrapnels. Il fallut à tout prix venir au secours de ces bastions dont les canons étaient renversés et démontés. Le capitaine Mouron reçut l'ordre de s'y porter ; par son courage et par son exemple, il put faire reprendre le tir avec deux pièces au bastion 29.

Déjà, derrière ce bastion, le feu croisé des Allemands avait allumé quelques incendies dans la rue des Laboureurs. Malgré leurs efforts courageux, les pompiers et les soldats ne pouvaient arriver à les éteindre. Plus loin, les projectiles balayaient les courtines jusqu'à la Porte de Colmar et mettaient le feu à des maisons de la rue des Sapins.

Au bastion 30 et à son cavalier [1], contre lesquels s'était bientôt tourné l'effort de l'attaque, les officiers, sous-officiers et servants de la batterie du 6ᵉ d'artillerie, au poste d'honneur, se multipliaient pour répondre au feu de quatre batteries ennemies. Tout d'abord, ils eurent quelques pièces hors de service en même temps qu'un artilleur était tué et deux sous-officiers grièvement blessés. Les obus se succédaient avec rapidité contre les embrasures et ceux qui manquaient leur but venaient se briser contre le mur de soutènement du cavalier, blessant par ricochet les artilleurs. L'armement du terre-plein fut en partie anéanti. Le cavalier, lui aussi, fut couvert de projectiles. Le capitaine Morio et ses artilleurs firent de courageux efforts pour pouvoir continuer la lutte; mais, déjà à neuf heures, seuls des obusiers et des mortiers placés en retrait effectuaient encore un tir plongeant contre les batteries ennemies.

A la demi-lune 26, défendue par les lanciers sous les ordres du lieutenant Nussard, la résistance avait été vive. Dès la première heure, le pont d'accès fut démoli, l'aubette incendiée, les embrasures bouleversées. Les canonniers établirent leurs pièces de 4 sur le chemin de ronde pour tirer par-dessus le parapet,

1. Ce cavalier avait le plus de développement de crête en face des batteries ennemies.

pendant que les lanciers exécutèrent des feux de salve contre l'assiégeant. Mais bientôt la troupe dut se replier sur le corps de la place : l'une des chaînes du pont-levis venait d'être brisée. « A l'intérieur de la Porte de Colmar, une foule éperdue suppliait les soldats de les laisser s'abriter sous la voûte : c'étaient des femmes et des enfants que l'incendie avait chassés de leurs habitations. Ils jetaient des cris déchirants et imploraient la pitié des officiers qui, ne pouvant exaucer leurs prières, détournaient la tête avec douleur pour ne pas voir ce triste spectacle. » (de Cambolas.)

Le bastion 31 et son cavalier, attaqués seulement de flanc, avaient été le moins maltraités dans le début. Ils étaient fortement armés en raison même de leur position qui commandait deux faces de l'enceinte. La 2ᵉ batterie de gardes mobiles (capitaine Stoffel) les défendait ; le secteur de gauche du bastion, qui se trouvait en face de l'ennemi, était commandé par le lieutenant Person, un ancien artilleur [1].

Dès la première heure, toutes les pièces qui avaient

---

[1]. Le lieutenant Person fut décoré après la guerre ; il mourut à Panama en 1884. Il avait dans sa section trois sous-officiers schlestadtiens : Auguste Rœs, ancien maréchal de logis d'artillerie de la garde, médaillé d'Italie et décoré de la médaille militaire ; Martin Reibel qui est mort consul de France dans l'Argentine ; et J. Wursthorn. Ce dernier fut proposé pour la médaille militaire, car il se distingua tout particulièrement ; pendant le bombardement, il ne quitta pas son poste. Il s'évada de Mayence et fit campagne à l'armée de la Loire.

vue sur l'attaque ouvrirent le feu à volonté. Le commandant Pinot, qui se trouvait au bastion quand la lutte commença[1], dirigeait lui-même la défense avant d'être appelé au bastion 29, dont la situation était devenue si critique. Les projectiles ennemis causaient de grands dégâts, mais les artilleurs restaient inébranlables à leur poste de combat. Ils réparaient les embrasures, redressaient leurs pièces et continuaient à se défendre vigoureusement pour soutenir le bastion 30. Leur tâche devint plus difficile quand ce dernier faiblit.

L'ennemi les prit alors à partie pour les réduire à leur tour au silence. Il importait de les renforcer sans retard. Le commandant Pinot fit placer deux pièces de 12 rayées sur le flanc gauche du bastion, à l'extrémité de la face sud du cavalier. En même temps il donna l'ordre d'amener deux canons de 4 et trois obusiers lisses, empruntés au bastion 32. Les officiers de la batterie entraînèrent leurs hommes pour mettre ces pièces en position sur le chemin de ronde, et un feu rapide et soutenu répondit aux canons de l'ennemi.

Cette diversion permit au capitaine Morio de reprendre haleine, et la lutte put se continuer encore au bastion 30, tandis que le bastion 29 était presque réduit

---

1. « Ce sont les *patates* ramassées dans la nuit qu'on vous envoie », lui dit malicieusement un sous-officier d'artillerie auquel, sous menace de punition, le commandant avait fait cesser le feu contre les porteurs de falots.

au silence : la batterie de la Chapelle s'acharnait à rendre ce dernier intenable.

Sur le front Est, depuis le bastion 33 jusqu'au bastion 36, les artilleurs mirent tout en œuvre pour détruire cette batterie qui causait tant de mal à la défense. Par leur tir vigoureux et précis, ils parvinrent à en défoncer les abris et à en démolir le parapet, tuant un sous-officier et blessant un lieutenant ainsi qu'un servant. Vers onze heures, elle dut cesser le feu, une voiture d'ambulance vint enlever les blessés : elle portait le pavillon blanc de la convention de Genève [1].

Vers trois heures, après les réparations les plus urgentes, la batterie put reprendre son tir dont la redoute 12 eut beaucoup à souffrir. Les remparts furent aussi vivement attaqués; mais la batterie Perfetti tenait l'ennemi en échec. Son chef, debout sur le chemin de ronde, à l'endroit le plus menacé, donnait ses ordres calme et impassible malgré les éclats d'obus qui sifflaient de tous côtés [2].

A l'ouest de la forteresse, l'assiégeant n'avait pas ralenti son tir : vers dix heures, l'avantage lui restait

---

[1]. On crut d'abord que la batterie avait arboré le drapeau blanc.

[2]. Il vit encore à Schlestadt, robuste malgré ses 94 ans.

La 1re batterie comprenait quatre sous-officiers schlestadtiens : Beck, ancien sous-officier d'artillerie, J. Bœrthelé, J. Ritz, J. Sütter.

déjà assuré, car ses batteries avaient peu souffert[1]. Les assiégés ne pouvaient tenir sous le feu meurtrier qui les accablait : le nombre des blessés militaires et civils augmentait sans cesse, les ambulances se remplissaient. Les artilleurs redoublaient d'efforts pour remplacer leurs canons démontés et restaurer les parapets[2].

Cependant l'on continuait de lutter au bastion 31, qui pouvait le mieux tenir. Le commandant Pinot fit établir quatre canons de campagne à l'angle formé par la courtine et l'entrée de l'oreillon, et des feux de salve furent dirigés contre les batteries ennemies. Celles-ci lancèrent alors de nombreux projectiles de fort calibre qui se perdirent en grand nombre dans la cour du collège ou sur le chemin des remparts. Mais ceux qui portèrent causèrent de grands dégâts sur l'étroit terre-plein du cavalier. A quatre heures, deux pièces sur six étaient hors service et le cavalier devenait intenable à son tour.

Derrière le bastion 29, qu'il avait fallu abandonner, l'incendie faisait rage. Toute cette partie sud-ouest

[1]. L'assiégé, accablé par l'ennemi, ne pouvait que suivre mal son tir et ce dernier était presque toujours trop élevé.

[2]. Au cavalier 31, deux artilleurs de la mobile, J. Zem et de Milleville (ce dernier venait de se faire panser), voyant l'embrasure de la pièce de 24 qu'ils servaient bouchée par l'éclatement d'un projectile, sautèrent sur le rempart, dégagèrent l'embrasure sous le feu de l'ennemi et revinrent servir leur pièce. (Commandant de l'artillerie.)

de la ville n'était plus qu'un immense brasier que l'ennemi ne cessait de couvrir de ses bombes. Depuis midi, les mobiles de la 6ᵉ compagnie, sous les ordres des lieutenants Sommervogel et Levrault et du capitaine adjudant-major Bohn, travaillaient à en circonscrire l'étendue, pendant que les pompiers et les sauveteurs combattaient le feu qui les entourait. Leur chef intrépide, M. Ringeisen, était sur la brèche depuis le commencement du bombardement, toujours au péril. Vers six heures du soir, les efforts de ces hommes courageux furent enfin couronnés de quelques succès : l'incendie ne s'étendait plus ; mais vingt-cinq maisons étaient la proie des flammes.

Le feu de l'assaillant s'était fortement ralenti. Le commandant Pinot, qui visita à ce moment les bastions de l'ouest, put constater que vingt-deux bouches à feu étaient hors service : les affûts brisés jonchaient le sol ; les plates-formes étaient défoncées ; les embrasures, effondrées et informes ; les gabions démolis ; quatre sous-officiers d'artillerie blessés, dont un mortellement ; quatre artilleurs étaient tués, il y avait de nombreux blessés : tel fut le triste bilan de la journée.

« La malheureuse ville présentait, elle, un lugubre spectacle ! Sillonnée dans toutes les directions par les bombes les obus qui brûlaient ou détruisaient les maisons, blessaient ou tuaient les habitants égarés à la recherche d'un abri, elle était couverte par un épais nuage de fumée noire d'où semblait s'échapper la foudre qui allait l'anéantir.

« A la nuit tombante, cette affreuse scène n'était plus éclairée que par les flammes ardentes de l'incendie et par le perpétuel éclat des bombes, qui lançaient dans l'air, à chaque instant, leurs gerbes de feu ». (De Cambolas.)

A la tombée de la nuit, la défense semblait à bout : le tir des remparts faiblissait de plus en plus pour cesser bientôt de se faire entendre. La compagnie de Cœhorn, postée sur la courtine 30-31, exécutait encore quelques feux sur les batteries ennemies les plus rapprochées.

Il y eut un moment de répit entre sept heures et neuf heures, pendant que les Allemands réapprovisionnaient leurs batteries. Le commandant supérieur espérait que la nuit allait lui donner une trêve bien nécessaire pour pouvoir recommencer la lutte le lendemain matin. Il n'en fut rien cependant.

Au déclin du jour, six cents hommes du bataillon d'Osterode et les pionniers bavarois entrèrent dans la parallèle qu'ils élargirent et creusèrent encore. La batterie IV fut complétée à 4 pièces. Une nouvelle batterie de 2 canons de 8 fut établie près du cimetière (batterie VIII). Ces travaux ne devaient pas empêcher la reprise du bombardement.

V. — LA NUIT DU 23 OCTOBRE.

Le conseil de défense se réunit à huit heures du soir, et le commandant de l'artillerie, en rendant compte de la situation, exposa qu'il lui paraissait humainement impossible de remettre en état, dans une nuit, les divers bastions bouleversés par le feu de l'ennemi. Au moment de l'investissement, l'ennemi s'étant présenté sur tous les points, on avait armé la totalité des bastions et les arsenaux étaient vides. Pour réarmer ceux du front Ouest, l'on ne disposait que des pièces de 24 et de 12 du bastion 32 qui n'avait pas été attaqué. Mais le transfert de ces pièces aux bastions 31 et 30 était rendu très difficile par l'étroitesse des terres-pleins des remparts, encombrés d'ailleurs par des dispositifs d'abris restés inachevés. D'autre part, les fusées des projectiles pour canons de campagne allaient manquer. Tandis que l'approvisionnement d'obus était considérable, la Place, au début, ne possédait que 900 fusées. Des demandes réitérées pour compléter les besoins prévus étaient restées sans suite.

Le major Dussaule et le commandant de Reinach-Werth, qui avaient visité les bastions 30 et 31, déclarèrent qu'il leur paraissait également très difficile sinon impossible de les réarmer : tout mouvement qui s'exécuterait sur ces positions exactement repérées et surveillées par l'ennemi serait immédiatement arrêté par son feu : hommes et matériel seraient anéantis rapidement.

Le conseil décida que l'on continuerait la défense avec les pièces restant en position et qu'on en augmenterait le nombre, dans la mesure du possible, par des canons retirés aux parties des remparts les moins attaquées.

Il prit en outre des dispositions pour repousser une attaque de vive force que pouvait tenter l'ennemi sur le point qui semblait le plus menacé. Le poste de la Porte de Colmar fut renforcé et placé sous les ordres du commandant Challot, major du 6ᵉ lanciers. Toutes les compagnies de gardes mobiles reçurent l'ordre de se tenir sous les armes, prêtes à marcher [1].

Vers neuf heures du soir, le bombardement reprit avec violence; toutes les batteries allemandes crachaient le fer et le feu sur la malheureuse cité. Celle-ci répondait de son mieux; ses artilleurs amenaient de nouvelles pièces pour résister encore. L'ennemi s'acharnait

---

[1]. Le conseil resolut aussi d'accorder à titre de gratification un mois de solde aux officiers et employés militaires, et vingt journées à la troupe. A Strasbourg, on laissa partir en captivité les officiers et les soldats presque sans ressources, tandis que l'ennemi trouva des sommes considérables dans la caisse du Trésor.

APRÈS LE BOMBARDEMENT. — LA PORTE DE COLMAR ET LA COURTINE 29 RESTAURÉE.
Dessin de L. Gentil, d'après une photographie de L. Ziégler.

contre les bastions 30 et 31 ainsi que contre la Porte de Colmar; il couvrait de projectiles les deux grands magasins à poudre, mais sans réussir à les faire sauter. La Porte de Strasbourg n'était pas épargnée; dans son voisinage, deux mobiles de la 7e compagnie furent tués sous un abri qu'une bombe éventra.

A minuit, de formidables détonations retentissaient au milieu des rafales de pluie et de vent qui rendaient la nuit plus affreuse encore. Des cheminées s'écroulaient avec fracas, des toitures s'effondraient, et l'incendie, qui s'était rallumé, continuait son œuvre dévastatrice. Tout le pâté de maisons de la Grande et de la Petite rue des Laboureurs ne formait qu'un immense brasier. A droite de la Porte de Colmar, l'*Auberge du Cerf* brûlait avec ses dépendances; dans la ruelle des Juifs, près de la synagogue, le feu dévorait l'écurie de l'ancienne *Auberge du Canon*.

Aux bastions 30 et 31, les pièces qui avaient été hissées sur les remparts étaient presque toutes démontées. On tirait, posté en retrait, des bombes et des boulets; la 1re compagnie de mobiles entretenait une fusillade nourrie contre l'assaillant. Le pont-levis de la Porte de Colmar, dont les chaînes furent brisées, retombait sur le fossé et il fut impossible de le relever; la porte était criblée par la mitraille.

Le maire de la ville, qui s'était tenu en permanence à l'Hôtel de Ville avec son adjoint, M. Martel, se rendit vers une heure du matin chez le commandant supérieur qui l'avait mandé. Il s'entretint avec M. de Reinach sur la résistance qui pouvait encore être opposée à l'ennemi, l'assurant des sentiments qui animaient ses concitoyens : « Nous ne pouvons pas continuer la lutte, lui répondit le commandant, une plus longue défense amènerait la destruction totale de la ville ; il faudra se rendre dans la soirée ! »

VI. — L'AGONIE.

Déjà des bruits inquiétants circulaient, et l'on assurait que la place serait impuissante à opposer, dans la journée, un seul canon à l'adversaire.

Vers quatre heures du matin, le commandant Pinot, après en avoir conféré avec les capitaines Mouron et Morio, venait déclarer au commandant supérieur que la résistance n'était plus possible. Les commandants Dussaule et de Reinach-Werth, qui avaient constamment suivi la marche et les progrès de l'attaque ainsi que les efforts de la défense, partageaient pleinement cet avis. Puis on vint annoncer que la Porte de Colmar allait être détruite[1]. Le commandant du Génie proposa

1. Il n'en fut rien.

de faire sauter le pont-levis avec quelques barils de poudre et de constituer un retranchement en palanque pour défendre l'entrée.

La matinée grise et pluvieuse du 24 vint éclairer le spectacle désolant des désastres accumulés pendant cette horrible nuit. Seuls quelques rares canons, encore debout sur les cavaliers en ruine, continuaient à tirer avec la même intrépidité qu'au début de l'action. Vers six heures, une femme[1] qui se rendait à l'église fut blessée mortellement sur le Chemin-neuf, devant l'*Auberge du Pied-de-bœuf*.

A cette heure, le conseil de défense se réunit et le commandant Pinot lui rendit compte que l'assiégeant avait détruit presque toutes les pièces qui avaient vue sur ses batteries ; il déclara que « *le rôle de l'artillerie de la défense était fini* ».

La forteresse était à la merci de l'ennemi ! Celui-ci ne cessait de lancer sur la ville ses obus et sa mitraille ; il avait projeté d'établir une nouvelle batterie de quatre pièces de 15 centimètres, à 1 500 mètres au sud de la ville, pour enfiler le front 30-31 ou tirer contre le cavalier 31 et le magasin à poudre du bastion 29. Il développait encore ses travaux de tranchée. Depuis quatre heures du matin, six cents hommes du bataillon

---

1. La femme d'Antoine Jaegler, laboureur.

d'Ortelsburg et la compagnie de pionniers du 10ᵉ corps étaient entrés dans la parallèle pour l'agrandir.

A six heures et demie, le maire se rendit auprès du conseil de défense et lui demanda de ne pas prolonger une lutte reconnue impossible, qui n'avait plus de but et ne pouvait produire d'autre résultat qu'une aggravation de ruines pour ses concitoyens.

Il convoqua d'autre part le Conseil municipal à sept heures, pour lui faire part de son entrevue. Peu après, le commandant supérieur arrivait lui-même à l'Hôtel de ville et déclarait au Conseil, non sans la plus vive émotion, qu'il lui était impossible de défendre la place plus longtemps, car son artillerie était en grande partie détruite.

Plusieurs membres de l'assemblée lui demandèrent pourquoi, dans ces conditions, il ne ferait pas hisser le drapeau blanc sans plus tarder. « Ce n'est pas possible, répondit le commandant, j'ai différents travaux à terminer et à récompenser les officiers et les soldats. » Toutefois, le Conseil municipal insista auprès de lui pour que, devant le conseil de défense, il fût formellement établi qu'aucun habitant de la ville n'avait réclamé la reddition, et que le bombardement si terrible avait été supporté avec la plus grande résignation. A l'autorité militaire seule devait incomber la responsabilité de la capitulation.

Lorsque le commandant de Reinach sortit de la mairie, un jeune franc-tireur lui présenta les armes. « Déposez votre fusil, dit-il à ce dernier, la ville se rend. » Ce soldat de seize ans alla briser son arme[1] contre une des colonnes de l'Hôtel de ville et tous ses camarades du poste l'imitèrent.

Le maire adressa aussitôt aux habitants la proclamation suivante :

Chers concitoyens,

Il y a huit jours à peine qu'avec un ordre et un patriotisme des plus admirables vous avez élu vos représentants à la Constituante[2].

Ces élections sont sans effet, mais vous aurez prouvé à la France entière que vous êtes de cœur avec les hommes qui s'efforcent à relever le drapeau français.

Notre ville est attaquée avec un acharnement qui n'épargne rien, pas même notre hôpital qui est rempli de blessés et sur lequel flotte le drapeau international.

Le canon de l'ennemi a détruit et incendié vos habita-

---

[1]. Il en reprit un autre pour faire campagne à l'armée de l'Est.
[2]. Le Gouvernement de la Défense nationale avait décidé, par décret du 20 septembre, que ces élections auraient lieu le 16 octobre. Des ordres contraires, donnés peu après, n'arrivèrent plus à Schlestadt. M. Albrecht fit partie de l'Assemblée nationale réunie à Bordeaux et vota contre la cession de l'Alsace-Lorraine. Il fut nommé chevalier de la Légion d'honneur après la guerre.

tions. Vous avez tout souffert avec calme et résignation : Merci à vous et courage encore !

Un sort plus douloureux vous attend.

Notre place, n'ayant aucun secours à espérer et ne pouvant résister plus longtemps à une artillerie formidable, va capituler, et pour la première fois elle sera occupée par une armée ennemie.

Sachez maîtriser votre douleur, et ayez confiance dans l'avenir.

Je n'ai pas besoin de vous rappeler les lois inexorables du vainqueur contre toute agression de la part du vaincu.

Vous saurez encore dans cette circonstance conserver votre calme.

Le maire,
J. ALBRECHT.

A huit heures et demie, le drapeau blanc était hissé sur la tour de la cathédrale et sur les bastions 29 et 30. Le feu des batteries allemandes s'arrêta sur-le-champ pendant que du bastion 31 partaient les derniers coups de canon de la forteresse !

VII. — LA CAPITULATION.

Le chef d'escadron Legrand-Dussaule et le commandant de Reinach-Werth, munis des instructions du commandant supérieur, se rendirent aussitôt auprès du général v. Schmeling, pour discuter les clauses de la reddition. Ils revinrent au bout d'une heure communiquer les conditions qu'imposait le vainqueur.

A l'unanimité, le conseil de défense fut d'avis de les accepter, puisqu'il fallait céder à la force. Le commandant de Reinach signa la capitulation; elle fut portée au général allemand qui l'approuva. En voici la teneur :

CAPITULATION

(Traduction)

Le général major de Schmeling, de l'armée royale prussienne, commandant la 4ᵉ division de réserve, invité par le gouverneur de Schlestadt, comte de Reinach, à cesser les hostilités contre la place, s'est entendu avec ce dernier pour conclure la capitulation suivante :

Article premier. — Aujourd'hui, à trois heures de l'après-midi, tous les postes des portes seront remis aux troupes prussiennes ainsi que la redoute sur le front Est de la Place.

Art. 2. — Aujourd'hui, à quatre heures de l'après-midi, la garnison française y compris la garde mobile, la garde nationale et les francs-tireurs, sortira de la Place par la Porte de Colmar avec les honneurs militaires; elle se formera en bataille entre les lunettes 2 et 3 et y déposera les armes. Le gouverneur s'engage, dans la mesure du possible, à ce que toutes les armes soient livrées aux troupes prussiennes en bon état de conservation.

Art. 3. — Toute la garnison de Schlestadt, y compris les officiers et les employés militaires, sera prisonnière de guerre. Les officiers et les employés militaires conserveront tout ce qui leur appartient personnellement, à l'exception des armes.

Art. 4. — Immédiatement après la déposition des armes, le gouverneur s'engage à faire remettre régulièrement, par les employés qui en sont chargés, aux officiers et aux employés prussiens désignés à cet effet, tout le matériel militaire et les armes de l'État. Les officiers et les employés chargés de cette mission de part et d'autre se rencontreront aujourd'hui, à quatre heures de l'après-midi, hors de la Porte de Colmar.

Art. 5. — Les habitants de Schlestadt seront, autant que possible, exempts de toute réquisition.

Art. 6. — Eu égard au regrettable incident survenu lors de l'entrée des troupes prussiennes à Laon par l'explosion d'une poudrière, il est stipulé que si pareille chose devait se produire à l'entrée des troupes prussiennes à Schlestadt, la garnison toute entière resterait à la discrétion du général-major de Schmeling, du moment où l'on pourrait imputer à celle-ci une coopération quelconque à l'événement, ou bien l'omission des mesures de précaution nécessaires.

Art. 7. — La présente capitulation a été arrêtée et signée d'une part par le commandant de l'état-major de Kretschmann, mandataire du général-major de Schmeling ; et d'autre part, par le gouverneur de Schlestadt, comte de Reinach.

L'approbation du général-major de Schmeling sera immédiatement demandée, et dès lors cette capitulation sera exécutoire.

Fait devant Schlestadt, le 24 octobre 1870.

Signée : COMTE DE REINACH,
VON KRETSCHMANN.

Approuvé :

Signé : VON SCHMELING,
Général-major et commandant
de la 4ᵉ division de réserve.

Pour traduction conforme :
Signé : baron F. DE REINACH-WERTH.

La forteresse, bâtie par Vauban au moment où l'Alsace était réunie à la France, tombait pour la première fois entre les mains de l'ennemi.

Le drapeau aux trois couleurs allait être amené et remplacé par le pavillon prussien !

CHAPITRE VIII

LA REDDITION DE LA PLACE

I. L'ÉMOTION GÉNÉRALE. — II. SCÈNES DE DÉSORDRE. — III. ENTRÉE DES ALLEMANDS. — IV. VERS LA CAPTIVITÉ. — V. PRISES ET PERTES.

I. — L'ÉMOTION GÉNÉRALE.

La cessation brusque du tir de l'artillerie ennemie produisit un vif émoi dans la ville. Bientôt tous les habitants, quittant leurs demeures ou les abris dans lesquels ils avaient passé la nuit en proie à de cruelles angoisses, envahirent les rues. La vue du drapeau blanc et la proclamation du maire, connue presque aussitôt, ne pouvaient leur laisser aucun doute sur ce qui se passait : la ville capitulait !

C'était l'effondrement de leurs espérances, car ils avaient conservé la foi dans le relèvement de la patrie, malgré ses premiers revers. Isolés depuis plusieurs semaines dans la forteresse, ils croyaient toujours voir arriver une armée au secours de l'Alsace; ils l'attendaient comme on l'attendait à Strasbourg, jusqu'au dernier jour. Et maintenant, pour eux aussi, c'était la défaite et l'angoisse étreignit tous les cœurs! Ainsi, les sacrifices imposés pour mettre la place en défense, les travaux accumulés depuis deux mois, les efforts courageux des défenseurs, l'abnégation des habitants pendant le bombardement n'avaient servi qu'à opposer une résistance de quelques jours!

Les soldats se trouvaient dans un état de surexcitation indicible : ils ne voulaient pas croire à l'humiliation qui les attendait[1]. Harassés par la fatigue, les hommes abandonnèrent les remparts; ils avaient hâte d'aller retrouver leurs parents ou leurs amis et de courir aux nouvelles avant de se préparer au départ. D'ailleurs, aucun ordre n'avait été donné pour les retenir à leurs rangs ou les ramener à leurs casernements.

L'on était vaincu! Les récriminations s'élevèrent bientôt : n'en est-il pas toujours ainsi! Il faut avoir vécu ces moments terribles pour savoir jusqu'où l'exaltation et la douleur peuvent amener les gens qui, enfermés dans une ville investie, menacés tous les jours de l'attaque de l'ennemi, finissent par être réduits,

---

1. Être vaincus par ceux qu'ils appelaient naguère avec dedain *les Schwowa!*

impuissants, à toutes les horreurs d'un bombardement !

Pourquoi avait-on abandonné les redoutes qui auraient tenu l'ennemi éloigné ! Pourquoi avait-on

ABRI SUR LA PLACE DE LA CATHÉDRALE.
Dessin de L. Gentil, d'après une photographie.

empêché les artilleurs de tirer sur l'assiégeant et ménagé les munitions que maintenant il fallait livrer à l'ennemi ! Jamais le commandant n'avait paru sur les remparts pendant le bombardement : comme si l'homme, en qui s'incarne la défense, pouvait s'exposer délibérément avant le moment suprême ! « Nous sommes trahis, nous sommes vendus », s'écriaient les plus exaltés ! Et ce sont bien là les mêmes cris que proférait à Strasbourg, dans la soirée du 27 septembre, la foule qui avait envahi l'hôtel du général Uhrich[1], réclamant la continuation de la lutte que les chefs avaient jugée impossible[1] : « Nous nous défendrons à outrance, nous repousserons l'assaut qui se prépare, nous vengerons nos frères ! » Ah ! que dans ces moments de patriotique souffrance, on fait peu de cas de la vie !

Cependant, la foule s'était précipitée sur les remparts, et la triste réalité apparut :

Tout le monde court aux remparts ; on envahit les bastions et les courtines. Et lorsqu'on se trouve en face de cette affreuse destruction ; lorsqu'on a vu, de ses yeux, ces canons renversés sur leurs affûts brisés, ces embrasures béantes qui ne peuvent plus protéger leurs défenseurs ; lorsqu'on aperçoit aux pieds des remparts la pauvre petite ville dont les maisons s'écroulent une à une dans les flammes, chacun alors baisse la tête et s'éloigne de cette scène de désolation en pleurant sur son impuissance. (De Cambolas.)

Il fallait céder à la force ou laisser brûler la ville ! Les clauses de la capitulation ne tardèrent pas à

---

1. L'auteur fut témoin de cette scène.

APRÈS LE BOMBARDEMENT. — LE BASTION 29
ET LA POUDRIÈRE (restaurés).

Dessin de L. Gentil, d'après une photographie de M. Ziégler.

être connues. La garnison avait obtenu de sortir avec les honneurs de la guerre, hommage rendu par l'ennemi aux vaincus dont c'était reconnaître la bravoure. « Les officiers partageraient le sort de leurs soldats : il était de leur premier devoir, avait dit le commandant de Reinach, de les accompagner en captivité. » La garde nationale sédentaire et les francs-tireurs restaient en dehors de cette clause.

Déjà, à la première heure, l'étendard du 6ᵉ lanciers avait été brûlé en présence des officiers du régiment [1].

Les soldats ne laissèrent pas aux officiers le soin de prescrire la destruction du matériel de guerre : toute discipline disparut. Les artilleurs, qui avaient été à une si dure épreuve, enclouèrent leurs canons, en démolirent les affûts, jetèrent par-dessus les talus, dans les fossés, poudres, munitions et même les pièces quand ils pouvaient les culbuter. Les gardes mobiles brisèrent leurs fusils de rage et de colère.

Les vieux soldats s'en mêlèrent. Ils coururent aux remparts pour aider à mettre hors service les bouches à feu. Derrière le collège, un menuisier, ancien zouave de Crimée, menait aux remparts un tout jeune homme [2] et lui faisait enclouer un canon à l'aide de son marteau. Le mot d'ordre semblait être donné de détruire le plus que l'on pourrait pour en laisser le

---

1. Ainsi qu'on en était convenu le cas échéant (Historique du 6ᵉ lanciers).
2. Actuellement chef de bataillon d'infanterie, breveté d'état-major.

moins aux Allemands, et une partie de la population prit part à la besogne. L'autorité militaire, il faut le reconnaître, avait négligé de prendre les dispositions nécessaires pour maintenir l'ordre.

II. — SCÈNES DE DÉSORDRE.

On ne saurait passer sous silence les scènes regrettables qui se passèrent alors et auxquelles ne prit part qu'une infime minorité de soldats et d'habitants. Les deux magasins militaires furent envahis par la foule. Le capitaine Derbès, pâle de colère, avait cherché à défendre l'entrée principale du Pavillon ; mais ses efforts étaient restés impuissants. Des hommes, des femmes et des enfants, aidés par des soldats, emportèrent ce qu'ils trouvaient sous la main : café, sucre, farine, objets de toute sorte[1]; c'était le pillage ! « Ne valait-il pas mieux, disaient-ils, que la population, si éprouvée et privée de tout gain depuis deux mois, profitât des provisions amassées qui allaient passer aux Prussiens ! » Les tonneaux de vin et d'eau-de-vie furent ensuite défoncés.

Excités par la boisson[2], ne reconnaissant plus aucune

1. Les détenteurs durent les restituer.
2. La plupart d'entre eux avaient juste atteint le degré où, d'ordinaire, des esprits entreprenants sont très disposés à exécuter de grandes choses. » (Saintmarie.)

autorité, les soldats les plus exaltés se livrèrent aux pires excès. Ils se portèrent aux casernes que l'ennemi n'avait pas réussi à brûler et y mirent le feu[1]; puis ce fut le tour du magasin à tabacs[2] qui brûla entièrement. Le désordre était à son comble dans cette partie de la ville; les pompiers, seuls maintenant pour combattre l'incendie, n'en devenaient plus maîtres.

Tout à coup, un bruit sinistre se répandit : « Les poudrières, les poudrières vont sauter! » Femmes et enfants se sauvèrent en poussant des cris de détresse. Le Génie avait bien tenté de noyer les provisions que contenait encore le magasin du bastion 29[3], mais il n'avait pas réussi à amener jusque-là sa pompe à main. Des officiers secondés par quelques soldats, des gardes nationaux aidés par de courageux citoyens, se précipitèrent vers le bastion pour arrêter les hommes qui tentaient d'accomplir leur sinistre projet.

Une explosion épouvantable se produisit, en ce moment, un peu plus loin. Le dépôt de munitions du bastion 28 sautait : des débris de poutres, des pierres, des éclats d'obus furent projetés jusque dans l'intérieur de la ville[4]. Un soldat des lanciers, qui avait servi

---

1. Ils imposèrent ainsi le cantonnement des troupes aux habitants.
2. Vaste bâtiment de cinq étages couvert en zinc ; on y avait aménagé le casernement de l'artillerie de la G. M.
3. La porte de la poudrière était restée ouverte.
4. Un de ces éclats tua une personne dans la rue voisine.

d'auxiliaire dans l'artillerie, venait de commettre cet acte de folie héroïque, qu'il payait de sa vie[1].

Les deux grands magasins à poudre, entourés d'un cordon de gardes nationaux, purent être préservés, et la ville fut sauvée de l'immense danger qui l'avait menacée.

III. — ENTRÉE DES ALLEMANDS.

Devant ces scènes de désordre, le commandant de place, sur les instances de citoyens notables, demanda que l'heure de l'entrée des Allemands fût avancée. Le général v. Schmeling lui fit connaître qu'à deux heures et demie il prendrait possession de la ville et qu'à trois heures aurait lieu le départ de la garnison prisonnière de guerre.

« Il en fut ainsi! » C'est par ces mots, si tristes dans leur laconisme, que se termine le journal du commandant supérieur. A l'heure dite, les trois bataillons prussiens qui se tenaient aux tranchées et aux avant-postes, entrèrent en ville pour occuper les portes,

---

1. Il répandit une traînée de poudre sur le sol jusqu'à quelque distance de l'abri et y mit le feu.

les poudrières et les magasins militaires ou se massèrent à l'entrée sur les glacis.

Deux officiers les avaient précédés; ils furent reçus à la Porte de Colmar par le commandant Dussaule qui devait les conduire chez le commandant de place. Au moment de s'engager sous la grande voûte, ils furent arrêtés par l'épaisse fumée qui la remplissait. « Peut-on passer sans danger? dirent-ils. — Certainement, messieurs, répondit le commandant; s'il en était autrement je n'aurais pas accepté la mission de vous conduire; seulement passez vite, en courant, un mouchoir sur la bouche, suivez-moi. » Et les trois officiers s'enfoncèrent rapidement dans la fumée pour gagner la Place. (De Cambolas.)

Les détachements ennemis suivirent de près et se répandirent dans la ville pour rassembler les derniers soldats français et occuper les postes assignés.

Les troupes de la garnison s'étaient déjà réunies sur la Place d'Armes[1]. Les Prussiens y arrivèrent par la rue des Clefs vers trois heures, au son des fifres et des tambours. Les Français se formèrent en colonne par unités. En rangs serrés, officiers en tête, ils marchèrent vers la Porte de Colmar, qu'ils franchirent. Plus d'un avait les yeux mouillés de larmes; la population assistait, atterrée, à ce défilé lugubre. Le spec-

---

1. Quelques jeunes soldats purent s'évader par la forêt de l'Ill qu'ils gagnèrent en bateau. (Saintmarie.)

tacle était attristant : car, si la tenue de la plupart des soldats était décente[1], un certain nombre avait bu plus que de raison et se montrèrent surexcités et rebelles à la voix de leurs chefs. Il devint difficile pour ces derniers de maintenir, dans les rangs, l'ordre et la discipline qui honorent les soldats malheureux.

Deux bataillons prussiens, celui de l'armée active en tenue de parade, étaient massés sur les glacis à droite de la route ; l'état-major se trouvait sur la chaussée même. Dès que parut la tête de colonne, le roulement des tambours et le son strident des fifres se firent entendre. L'armée victorieuse présentait les armes aux vaincus, et le général v. Schmeling, s'adressant au commandant de Reinach, lui rendit son épée en témoignage de la courageuse défense de la forteresse. En passant devant l'état-major, chaque officier rendit son sabre ou plutôt le jeta brisé devant lui ; les hommes étaient déjà désarmés. 74 officiers et 1 763 soldats défilèrent ainsi devant le vainqueur pour se masser sur l'emplacement de la promenade des Tilleuls en attendant le départ.

Le maire de la ville avait reçu l'ordre de publier, dès l'entrée des Allemands, la proclamation suivante :

---

1. Le capitaine Wolff dit : « la tenue de ces soldats fut des plus indisciplinées. »

Schlestadt est mis en état de siège.

Les lois de guerre de la Prusse entrent en vigueur.

Jusqu'à ce soir à six heures, toutes les armes doivent être déposées à la Mairie.

Les contrevenants tombent sous la loi martiale.

Le lieutenant-colonel Engelhart est nommé commandant de la place.

Schlestadt, le 24 octobre 1870.

> Le général-major et commandant
> de la 4ᵉ division de réserve,
> VON SCHMELING.

L'incendie continuait à prendre un tel développement que, vers quatre heures, les Allemands durent envoyer en ville leurs quatre compagnies de pionniers pour venir en aide aux pompiers ; ce n'est que tard dans la soirée qu'on put maîtriser le feu, et trois compagnies purent regagner leurs cantonnements. Mais le vent s'éleva dans la nuit et l'incendie reprit avec violence jusqu'au lendemain matin. Les casernes et le magasin à tabacs étaient en ruines. Une trentaine de maisons étaient brûlées à ras du sol, et vingt autres, fortement endommagées, dans le seul quartier sud-ouest.

Le général v. Schmeling fit son entrée en ville, le 25 octobre, à la tête d'un détachement mixte de ses troupes. Le commandant de la place avait exigé qu'une députation se rendît à la Porte de Strasbourg pour le recevoir. Un peu avant trois heures de l'après-midi, un officier d'ordonnance vint chercher cette députation qui comprenait : le maire, les deux adjoints et les deux curés de Saint-Georges et de Sainte-Foy, MM. Naëgelen et Mury. Lorsque le général se présenta, le maire voulut lui adresser la parole en français, mais il fut invité à s'exprimer en langue allemande.

M. le recteur Naëgelen, se substituant à M. Albrecht, recommanda les habitants à l'équité et à la bienveillance du vainqueur. Ce dernier voulut bien en donner la promesse, mais sous condition d'une soumission absolue à ses ordres, puisque, par droit de guerre, la ville était devenue allemande. Et, s'adressant directement aux deux prêtres : « Vous, messieurs, dit-il, je vous rends personnellement responsables des torts que pourraient avoir à subir mes soldats de la part des habitants. »

V. Schmeling, à la tête de son état-major, traversa la ville pour se rendre devant la Porte de Colmar où les troupes du détachement ouest étaient déjà assemblées. Un service solennel d'actions de grâces fut célébré par l'aumônier de la division, et les troupes se disloquèrent aussitôt après.

Les soldats du détachement Ostrowski (1re division de réserve) entrèrent dans la ville qu'ils devaient occuper jusqu'à nouvel ordre ; leurs tambours et leurs fifres retentirent dans les rues désertes. De la Place d'Armes où ils firent halte, ils se répandirent dans les cantonnements et remplacèrent les premières troupes qui avaient occupé la ville [1].

Le colonel Ostrowski prit le commandement de la Place, à laquelle furent affectés, comme troupes techniques, la 6e compagnie du régiment d'artillerie à pied de Westphalie numéro 7, capitaine Dieterichs, ainsi que la 2e compagnie de pionniers de forteresse du 7e corps, lieutenant Jacob. Les remparts furent désarmés puis restaurés avant d'être réarmés avec de nouveaux canons.

IV. — VERS LA CAPTIVITÉ.

La garnison prisonnière fut dirigée dans la soirée même, vers quatre heures, sur Guémar où elle arriva à la nuit. L'escorte était formée par le bataillon de

[1]. Les troupes de la 4e division, réunies autour de Neuf-Brisach, s'emparèrent de cette ville le 12 novembre. Leur première mission étant terminée, elles furent affectées au 12e corps d'armée commandé par le général v. Werder qui les appela à Vesoul.

Les états-majors et les troupes techniques furent envoyés devant Belfort après le siège de Neuf-Brisach, à l'exception du 1er groupe d'artillerie de place (régiment de Westphalie) qui retourna à Strasbourg.

Enfin la 1re division de reserve fut désignée pour investir Belfort.

Tilsitt[1], deux compagnies d'Ortelsburg et le 4ᵉ escadron du 3ᵉ régiment de réserve des uhlans.

Plus d'une fois nos regards se détournèrent pour se reporter vers Schlestadt dont les clochers et les tours s'estompaient déjà dans le crépuscule. Les flammes de l'incendie se reflétaient dans les nuages, leur lueur nous suivit jusqu'à notre première étape. (Un prisonnier.)

Pendant que les officiers étaient internés dans les salles de la mairie, les hommes passèrent la nuit au bivouac à l'entrée du village. Une pluie froide ne cessa de tomber. Les habitants essayèrent bien de passer quelques vivres à ces malheureux, mais ils furent écartés par les sentinelles.

Le mardi 25 octobre, à huit heures du matin, la colonne se mit en marche vers le Rhin. Dans les villages qu'elle traversa, Illhäusern, Grüsenheim, Jebsheim et Artolsheim, les habitants se pressaient sur leur passage, chargés de provisions; mais les soldats de l'escorte les empêchaient de donner tout secours aux prisonniers cependant privés d'aliments depuis la veille. Ceux-ci marchaient entre deux colonnes de soldats, précédés et suivis d'un peloton de cavaliers; toute évasion était impossible.

---

[1]. Major de Felgenhaüer.

Le Rhin fut franchi sur le pont militaire, et la nuit tombait quand la troupe arriva à Endingen[1] où elle s'arrêta pour se réconforter. Elle ne tarda pas à reprendre sa route vers Riegel. Cette marche dans les ténèbres et sous la pluie fut des plus pénibles. Les Poméraniens, sans doute excités par des libations, montraient vis-à-vis des malheureux prisonniers une grossièreté et une brutalité excessives.

A Riegel, les hommes devaient s'embarquer en chemin de fer pour être dirigés sur l'Allemagne. La station pouvait à peine les contenir tous; sur les quais mal éclairés, la confusion était générale. A dix heures, un roulement de tambour annonça la mise en route.

Pendant que les soldats montaient en wagon, les officiers restaient enfermés dans les salles d'attente. Le commandant Pinot, qui tenait à serrer la main à ses sous-officiers avant d'en être séparé, avait pu se rendre sur le quai. Soudain, il rentra précipitamment, suivi du commandant de l'escorte. A l'appel de ce dernier, une vingtaine de soldats se ruèrent dans la salle et abaissèrent les canons de leurs fusils vers les officiers français : ce fut un miracle qu'aucun coup de feu ne partît. Finalement, le commandant Pinot put faire comprendre le motif de sa sortie et tout rentra dans le

---

1. Les habitants avaient disposé devant les maisons des tables chargées d'aliments.

calme. Deux compagnies du bataillon d'Ortelsburg escortèrent le convoi de prisonniers qui arrivèrent, le 26 au matin, à Rastadt.

On dirigea les officiers sur Glogau et Breslau, tandis que les soldats furent emmenés à Mayence, pour être internés à la citadelle ou bien au camp établi sur un plateau de terres labourés, au delà de la porte dite Gauthor. Logés sous la tente, mal nourris, dans la boue, ces malheureux eurent beaucoup à souffrir durant l'hiver[1]. La variole sévit cruellement parmi eux et fit de nombreuses victimes.

V. — PRISES ET PERTES.

Les Allemands trouvèrent dans la forteresse des vivres, des armes et des munitions en abondance.

122 bouches à feu dont 26 fortement endommagées, et 4 égueulées,
9 000 gargousses,
1 600 quintaux de poudre,
40 000 obus ou boulets creux,
28 000 boulets pleins,

---

1. Nos compatriotes envoyèrent aux prisonniers des vêtements chauds et des secours qui leur furent distribués par Mlle Eugénie Lehn avec l'aide du sergent-major de mobiles Victor Prêcheur.

6 600 fusils dont 300 fusils à tabatière et 3000 carabines,
600 000 cartouches pour fusils Chassepot,
550 000 — — — à tabatière,
250 000 — — carabines Minié.

Pendant les quatre jours de bombardement et de siège, l'ennemi avait lancé sur la ville 2051 projectiles. La batterie I de la Chapelle, à elle seule, avait envoyé 488 obus dont 136 incendiaires et 11 obus à balles (shrapnels). Les six batteries d'attaque avaient projeté, en vingt-quatre heures, 920 obus, 122 obus à balles et 510 bombes.

Après une telle pluie de mitraille dans une enceinte aussi réduite, on peut s'étonner que le nombre de tués et de blessés ait été relativement si faible. « Si le tir des Allemands avait été bien rectifié, a dit un défenseur du cavalier 31, il ne serait pas resté grand monde de nous. Mais beaucoup de leurs projectiles tombaient dans les fossés des fortifications ou passaient au-dessus de nos têtes. » D'autre part, des observateurs signalaient l'arrivée des obus et des bombes et les hommes pouvaient se garer dans leurs abris de fortune.

Le tir des assiégés était réglé trop hâtivement sous le feu qui les accablait. On tirait au jugé et, à des distances aussi rapprochées que celles où se trouvaient des batteries ennemies, on tirait trop haut : aussi, ne fit-on pas grand mal à ces dernières,

Du côté français, les pertes s'élevèrent à huit hommes tués et cinquante blessés, dont sept succombèrent peu après. Plusieurs amputations furent pratiquées à l'ambulance; mais un seul opéré survécut[1]. L'hôpital contenait environ quatre-vingts blessés et malades à la reddition de la ville.

Les pertes accusées par les Allemands s'élevèrent à sept hommes tués, quatre officiers[2] et douze hommes blessés.

Dans la population civile on compta une dizaine de personnes[3] tuées par des éclats d'obus ou de bombes. Plusieurs citoyens furent plus ou moins grièvement blessés.

Un monument, en grès des Vosges, a été érigé par les Allemands au cimetière de la ville en souvenir des soldats victimes de la guerre[4]. Il porte comme inscription :

1870-1871
Den tapfern Kriegern beider Nationen.

(Aux valeureux guerriers des deux nations.)

1. Un mobile de Muttersholtz.
2. Le lieutenant-colonel de Neubeck, de l'artillerie bavaroise, blessé aux tranchées — un capitaine et un lieutenant d'artillerie prussienne — un lieutenant du régiment rhénan n° 25.
3. 5 hommes, 4 femmes et 1 enfant.
4. Il recouvre les restes de 25 soldats français et de 23 soldats allemands.

Chaque année, à la Toussaint, le Souvenir français, la Société des Vétérans et le Kriegerverein viennent y déposer une couronne aux couleurs tricolores et des palmes aux couleurs allemandes ; la musique militaire donne l'aubade aux morts ! Une foule recueillie, où Alsaciens et Allemands se confondent en cet hommage rendu à ceux qui sont morts pour la Patrie, se presse autour du monument. L'émotion étreint bien des cœurs ; car ils sont nombreux encore, nos compatriotes qui ont vécu l'Année terrible, et des larmes perlent aux yeux de maint vieux Schlestadtien en ce jour de recueillement et de souvenir !

CHAPITRE IX

CONCLUSIONS

L'ENNEMI ne semblait guère redouter la forteresse de Schlestadt ; il connaissait la faiblesse de ses défenses, l'infériorité de son armement, l'abandon de ses ouvrages avancés qui devait en faciliter l'approche, enfin le peu de solidité de sa garnison, d'ailleurs réduite. Il comptait s'en rendre maître très rapidement avec des forces suffisantes, au moment qu'il jugerait opportun ; il brûlerait la ville au besoin, si la résistance devait se prolonger [1].

Aussi pouvait-il la laisser à l'arrière de ses troupes victorieuses qui marchaient sur Paris. Un petit corps

1. Le 13 octobre 1870, vers quatre heures du soir, quelques sous-officiers de la 2ᵉ batterie légère d'artillerie se trouvaient attablés dans l'auberge de la grande route à Guémar. L'un deux tint le propos suivant : « Schlettstadt werden wir bald haben ; wenn es sich nicht übergibt, so verbrennen wir's » ! (Un témoin.)

suffisait pour l'observer; les francs-tireurs étaient peu nombreux dans les Vosges et, d'autre part, aucune troupe française ne se trouvait à proximité de l'Alsace.

Mais quand Strasbourg tomba, les Allemands durent s'emparer de Schlestadt avant de se porter vers Belfort. Ils ne perdirent pas de temps et brusquèrent l'attaque. Avec leur artillerie formidable, ils eurent vite fait de détruire les batteries de la défense, tout en brûlant un quartier de la ville. Au bout de quatre jours, celle-ci était réduite à capituler.

Le plan français de défense, établi en 1867, prévoyait, comme durée d'un siège en règle, vingt-deux jours à partir de l'ouverture de la première parallèle jusqu'à l'assaut[1], avec un corps d'attaque de 18 000 hommes et 10 000 hommes en observation vers Strasbourg et Neuf-Brisach. Les Allemands n'en amenèrent que 12 000 devant Schlestadt, mais parmi eux se trouvaient: un bataillon d'infanterie, 800 pionniers et 2 800 artilleurs de l'armée active; en outre, les bataillons de landwehr étaient formés d'anciens soldats exercés.

La forteresse devait être défendue par 4 500 hommes; elle n'en avait que 2 150 dont 500 de l'armée active, une centaine d'artilleurs et environ 400 lanciers. La

---

1. La puissance du nouveau canon allemand n'entrait certainement pas en ligne de compte.

garde mobile était constituée par de jeunes gens qui n'avaient jamais porté le fusil ni manœuvré le canon; ses cadres étaient en grande partie inexpérimentés.

La Place devait être armée de 144 bouches à feu dont 65 canons rayés; elle n'en possédait que 122 dont 50 canons rayés. Sur le front Ouest, 40 pièces seules purent entrer en lutte contre les batteries allemandes; 26 eurent leurs affûts brisés et quatre pièces furent égueulées.

Les ouvrages en eux-mêmes ne furent point dégradés en aussi peu de temps et aucune brèche ne fut pratiquée. Les abris voûtés étaient intacts; seuls, quelques abris provisoires ne résistèrent point aux obus ennemis. Par contre, les parapets des remparts et les cavaliers furent bouleversés; vingt-deux embrasures du front Ouest étaient tellement informes qu'elles ne pouvaient plus servir au tir. Les emplacements des batteries labourés par les projectiles étaient rendus presque intenables.

Cependant nos soldats défendirent courageusement leur citadelle, malgré l'infériorité de leur nombre et de leurs armes. La garnison comprenait des officiers et des sous-officiers énergiques qui surent donner l'exemple et tirer le meilleur parti de la bonne volonté générale. Et puis, les souvenirs d'antan hantaient les esprits de la plupart de nos jeunes mobiles qui voulaient se montrer dignes de leurs aînés. Nos solides campagnards ne se montrèrent pas moins patriotes que leurs camarades de la ville : tous firent vaillamment ce qu'on pouvait demander à des conscrits. La population, d'ailleurs, soutenait leur courage par son abnégation héroïque [1]. Mais la lutte était par trop inégale !

Le commandant de Reinach était un soldat loyal et brave, aux sentiments généreux [2]. Il déploya, avec son conseil, l'activité la plus louable pour organiser la défense de la forteresse qu'il avait l'honneur de commander [3] et que l'Empire avait laissée dans un complet abandon [4]. En vain il réclama des troupes d'artillerie et d'infanterie pour lui permettre une résistance plus vigoureuse. Lorsque Strasbourg succomba, redoutant une attaque soudaine, il s'enferma dans la place, et réduisit à la seule défense passive ces conscrits qui avaient pourtant montré leur bravoure à Thanvillé.

---

1. Ne faut-il pas admirer l'état d'âme de cette brave femme du peuple qui, au mépris du bombardement, terrible à ce moment, se rend à l'église dès six heures du matin pour ne pas manquer la première messe ! (*d'frieï mass*). Les services divins ne furent d'ailleurs pas interrompus.
2. Voir en particulier page 99.
3. L'état-major des places ne comprenait que des officiers déjà retraités, et maintenus en service pour ces fonctions spéciales. Le commandant de Reinach allait se retirer quand la guerre éclata.
4. Il fut question d'évacuer Schlestadt, mais la rapidité des progrès de l'ennemi ne permit pas d'y donner suite.

Il résista tant que son artillerie put combattre les canons de l'ennemi. Il aurait voulu prolonger de quelques heures la défense ; mais c'était vouer la ville à une destruction complète sans profit pour la Patrie. Il renonça à une lutte devenue impossible autant qu'inutile, contraint à capituler, pour ne pas exposer les habitants aux horreurs qu'entraîne toujours la prise d'une place emportée d'assaut. Puis il alla partager, avec ses officiers, le sort de ses soldats.

Une pensée consolante ressortira de ces douloureux récits, et elle réconfortera nos cœurs au souvenir de notre ville natale. Certes Schlestadt n'a pas soutenu une longue lutte contre l'ennemi ; mais les courageux efforts de ses défenseurs, et les sacrifices que supportèrent sans faiblir ses habitants, ne furent pas inutiles.

La 4e division de réserve allemande aurait pu se porter contre Belfort dès le 2 octobre, date de sa concentration, si elle n'avait pas dû s'emparer, au préalable, des places de Schlestadt et de Neuf-Brisach.

La résistance de ces deux forteresses, pour si courte qu'elle fût, retarda la marche en avant de l'ennemi, que Strasbourg, par sa lutte héroïque, avait déjà longuement arrêté dans la Basse-Alsace.

Les quelques semaines ainsi gagnées ont permis au lieutenant-colonel Denfert, nommé le 19 octobre au commandement supérieur de Belfort, de créer ou d'achever les travaux de défense qui lui ont valu la gloire de conserver à la France cette dernière citadelle alsacienne.

APPENDICE

I

CONSEIL D'ENQUÊTE SUR LA CAPITULATION DES PLACES FORTES. — EXTRAIT DU PROCÈS-VERBAL DE LA SÉANCE DU 20 NOVEMBRE 1871. — PLACE DE SCHLESTADT.

Le conseil d'enquête;
Vu le dossier relatif à la capitulation de Schlestadt;
Vu le texte de la capitulation;
Sur le rapport qui lui en a été fait;
Ouï M. le chef de bataillon de Reinach de Foussemagne, commandant la place de Schlestadt;
Après en avoir délibéré :

Considérant que le commandant de place de Schlestadt pouvait peu compter sur la solidité de la garnison, composée presque entièrement de gardes mobiles des environs; qu'il a eu tort cependant d'abandonner trop tôt la plus grande partie des ouvrages extérieurs et surtout la redoute n° 1, qui, par sa position, aurait donné des vues sur les batteries de l'ennemi;

Considérant qu'il a eu tort de restreindre le feu de l'artillerie sur les environs de la place, par le motif de ne pas entraver la rentrée des récoltes, et qu'ainsi il a permis à l'ennemi de se mêler aux travailleurs et de déterminer l'emplacement de ses ouvrages et de ses batteries ;

Attendu que, si le commandant a supporté pendant quatre jours le feu de l'ennemi et s'il ne s'est rendu que sur la déclaration du directeur de l'artillerie que le rôle de cette arme etait terminé par suite de la destruction des batteries de la place, la capitulation a été consentie sans qu'il ait été fait de brèche au corps de la Place et sans avoir subi ou repoussé un assaut, qu'en cela il a manqué aux prescriptions des articles 254 et 255 du décret du 13 octobre 1863 ;

Attendu qu'avant de livrer la place, le commandant n'a pas prescrit d'enclouer les canons, de briser les affûts, de noyer les poudres et les munitions dont une partie seulement a été détruite par le fait de l'initiative des hommes ;

Est d'avis :

Que si, pour les motifs précités, il y a lieu de blâmer le commandant de la place de Schlestadt, le conseil croit devoir le louer d'avoir obtenu la sortie de la garnison avec les honneurs de la guerre, et de ne pas avoir fait insérer dans la capitulation la faculté de se retirer dans leurs foyers laissée aux officiers qui prendraient l'engagement d'honneur et par écrit de ne pas servir contre l'Allemagne pendant la durée de la guerre.

Pour extrait conforme,
Le Président du Conseil d'enquête.

Signé : Le maréchal de France,
BARAGUAY D'HILLIERS.

II

GARNISON DE SCHLESTADT PENDANT LA GUERRE.

ÉTAT-MAJOR — p. 30.

TROUPES :

1° *Dépôt du 6ᵉ régiment de lanciers.*

    2ᵉ escadron : 290 hommes, 170 chevaux.
    Commandants : Chef d'escadron CHALLOT, major.
    Capitaines : CHANDELLIER (habillement), BOUILLIE (trésorier).
    — MOREAU, CHAMPAGNE, GATTELET.
    Lieutenants : BRESSANGES, NUSSARD.
    Sous-lieutenants : DUFOUR, JOUVE.
    Adjudant : LEROUK.

2° *Dépôt du 2ᵉ régiment de lanciers.*

    4ᵉ escadron : 330 hommes, 149 chevaux.
    Commandants : LEGRAND-DUSSAULE, major, chef d'escadron.
    Capitaines : LEPESCHEUX-DUHAUTBOURG, adjudant-major.
    — LEMÉTAYER, FLAMBART, MAHUR, ANDRÉ.
    Sous-lieutenants : FAUCONNET, DE HEURTEMONT.
    Adjudant : BERGER (promu sous-lieutenant).

3° *2ᵉ batterie du 6ᵉ régiment d'artillerie (demi-batterie).*

    Commandant :   Morio, capitaine.
    Lieutenant en 1ᵉʳ : Guiroye (promu capitaine en 2ᵉ).
        — en 2ᵉ : Lassaignes.
    Adjudant :   Barsoula.

           Effectif : 95 hommes.

4° *Militaires isolés subsistants au 6ᵉ lanciers : 89.*

5° *Section du Génie : lieutenant* Risacher.

6° *Artillerie de la garde mobile du Bas-Rhin.*

1ʳᵉ batterie, capitaine Perfetti, lieutenants Bach, Vatin.
2ᵉ   —   —   Stoffel,   —   Person, Rigaud.
3ᵉ   —   —   Juliers,   —   Bernheim, Fiselbrand.
4ᵉ   —   —   Magnier,   —   Arnol, Samuel.

           Effectif : 280 hommes.

7° *2ᵉ bataillon de la garde mobile du Bas-Rhin.*

    Commandant : chef de bataillon baron de Reinach-Werth

	Capitaines	Lieutenants	S.-Lieutenants
1ʳᵉ compagnie,	Coehorn (baron de)	Jægle	Reynders
2ᵉ —	Millet	Joachim	Andlauer
3ᵉ —	Boell	Sido	Forget
4ᵉ —	Gazeau	Bulach (Z. de)	Sauer
5ᵉ —	Forget	Centlivre	Walter
6ᵉ —	Bohn	Sommervogel	Levrault

	Capitaines	Lieutenants	S.-Lieutenants
7ᵉ compagnie,	Schmitt	Cambolas (de)	Perron
8ᵉ —	Stouvenot	Minicus	Schomas

Ajudant : Schat.

Effectif : 1170 hommes.

8° *Bataillon de la garde nationale sédentaire.*

Commandant : chef de bataillon André.
Capitaine major : Spies-Ignace.
Sous-lieutenant porte-drapeau : Bonna J.-P.
Chirurgien aide-major : Dʳ Feltz.

1ʳᵉ compagnie.....	Capitaine en 1ᵉʳ.	Havard.
—	— en 2ᵉ..	J. Lang.
	Lieutenant......	Ch. Helbig.
	Sous-lieutenant..	J. Kling.
2ᵉ compagnie.....	Capitaine en 1ᵉʳ.	Mollinger.
—	— en 2ᵉ.	Catala.
	Lieutenant.....	G. Dengler.
	Sous-lieutenant..	Ch. Heinrich.
3ᵉ compagnie.....	Capitaine en 1ᵉʳ.	Latour.
—	— en 2ᵉ.	A. Simon.
	Lieutenant.....	Franck.
	Sous-lieutenant..	Schlatter.
4ᵉ compagnie (Sapeurs-pompiers) :		
	Capitaine......	Ringeisen
	Lieutenant.....	Sichler.
5ᵉ compagnie (Francs-tireurs) :		
	Capitaine......	Prêcheur.
	Lieutenant.....	C. Muller.

Effectif : 400 hommes.

III

LA GARDE MOBILE.

La guerre contre l'Autriche, en 1866, avait mis en relief l'organisation de l'armée prussienne et la puissance que lui donnait l'institution du service militaire obligatoire.

La France résolut aussitôt de changer sa constitution militaire afin d'augmenter ses forces nationales. Placée maintenant face à face avec la Prusse, elle avait le pressentiment que la guerre pouvait éclater, un jour ou l'autre, entre les deux pays, et elle ne devait pas risquer d'entamer la lutte avec des armes trop inégales.

C'est dans ces circonstances et à l'instigation du maréchal Niel, ministre de la Guerre, que fut créée la garde nationale mobile, par la loi du 1er février 1868; elle devait doubler l'armée permanente qui restait fixée à 600 000 hommes. Organisée par département en bataillons et batteries, elle recevait dans ses rangs tous les jeunes gens valides, célibataires ou veufs sans enfants, que les chances du tirage au sort n'avaient pas fait figurer dans les contingents de l'armée active ou qui s'étaient fait remplacer.

Des officiers démissionnaires ou retraités, des sous-officiers et des soldats libérés devaient en former les cadres que l'on compléterait par des volontaires, jeunes gens des classes aisées réunissant les conditions d'instruction et les garanties de moralité les rendant aptes au commandement, dans les grades qu'on leur conférait.

L'instruction des mobiles devait se faire chaque année, pendant un appel de quelques jours, au chef-lieu de chaque canton. En temps de guerre, ils devaient être affectés à la défense des frontières et des forteresses, laissant ainsi disponible l'armée permanente.

Le maréchal Niel mourut en août 1869, avant d'avoir organisé l'armée de seconde ligne. Seules quelques unités avaient été créés sur le papier à Paris et dans onze départements du Nord et de l'Est. Le Bas-Rhin devait fournir cinq bataillons d'infanterie et quinze batteries d'artillerie pour lesquels l'habillement et l'armement furent constitués dans les diverses places [1].

Le général Le Bœuf ne continua pas l'œuvre de son prédécesseur, de sorte que la guerre trouva l'organisation nouvelle à peine ébauchée. Les événements pressant, la garde mobile fut appelée sous les armes. Les officiers supérieurs ou commandants de batterie avaient été seuls désignés en 1868-1869. La nomination des lieutenants et sous-lieutenants fut déléguée aux généraux commandant les divisions territoriales sous la réserve de l'approbation des préfets, et celle des sous-officiers et caporaux, aux officiers supérieurs ou chefs d'unités.

[1]. Le capitaine major chargé de l'organisation fut nommé à Strasbourg, en 1868.

IV

L'ARTILLERIE FRANÇAISE ET L'ARTILLERIE ALLEMANDE RAYÉES EN 1870.

Il a été dit que l'artillerie allemande devait sa supériorité sur l'artillerie française au mode de chargement des canons, à la structure des obus ainsi qu'aux fusées qui devaient provoquer l'éclatement des projectiles : toutes ses bouches à feu étaient en acier et rayées. Les canons français étaient en bronze ; les pièces de campagne et de siège étaient seules toutes rayées : la transformation des canons de place lisses n'était pas achevée.

Les pièces françaises se chargeaient par la bouche, tandis que les allemandes se chargeaient par la culasse et leur tir pouvait être quatre fois plus rapide.

Par suite de sa structure et du mode de chargement, l'obus allemand, forcé dans les rayures du canon, prenait une trajectoire plus tendue que l'obus français introduit à frottement doux dans l'âme de la pièce, et forçant au sortir grâce à un artifice.

Le premier, en fonte évidée à l'extérieur, était entouré d'une chemise de plomb. Sa charge intérieure étant plus forte, il donnait plus d'éclats ; la chemise se déchiquetait en nombreux lambeaux qui donnaient de graves blessures. L'obus français garni d'ailettes en zinc, plus massif et à charge moindre, se brisait en quelques gros morceaux.

Les obus du canon de campagne français avaient des fusées fusantes, réglées pour faire éclater le projectile en six points différents éloignés de 460 mètres pour une portée de 2 800 mètres. Souvent ainsi, les obus éclataient trop près ou trop loin du but qu'ils devaient toucher. Leur mouvement de rotation, qui dépassait notamment celui des obus allemands, éteignait aussi fréquemment les fusées. Les fusées des pièces de campagne allemandes étaient toutes à percussion, et les obus éclataient à l'endroit même où ils tombaient [1].

La fusée de l'artillerie de place ou de siège française était percutante pour les obus, mais de système défectueux. Pour les shrapnels, elle était fusante et pouvait se régler pour quatre distances différentes selon le calibre de la pièce. Pour battre complètement un terrain sur une distance de 3 000 mètres, il fallait recourir à des pièces de divers calibres.

Les pièces de siège ou de place allemandes avaient leurs projectiles munis de fusées inflammatoires à temps de Richter d'une grande précision. Elles permettaient d'obtenir l'éclatement de l'obus en 72 points différents sur une distance de 3 000 mètres avec charge normale et s'éteignaient rarement.

---

[1]. L'effet produit par ces obus, qui heureusement n'éclataient pas tous en terrain labouré, fut terrifiant dans les premières batailles. Une grêle de projectiles couvrait toute troupe franchise qui se montrait à découvert dans le rayon d'action des canons

V

ARMEMENT ET OBJECTIF DES BATTERIES ALLEMANDES

Numéro des batteries	ARMEMENT	OBJECTIFS PRINCIPAUX	Distances (mètres)	PROJECTILES TIRÉS	PERTES
I	4 canons de 12°	Redoute 12................. Demi-lune 26.............. Casernes derrière la courtine 28-36.................. Porte de Strasbourg courtine. Bastions 29 et 30 (à revers)...	1 600 2 200 2 400 2 600 2 800	488 obus dont 136 incendiaires.	1 officier blessé. 3 artilleurs tués. 3 — blessés. 1 pièce démontée. 1 pièce égueulée.
II	4 mortiers de 28°	Bastion 28................ Bastions 29 et 30............	900 800	11 shrapnels. 280 bombes.	
III	6 canons de 12°	Face droite du bastion 28.... Bastions 29 et 30............ Face gauche du bastion 31 et courtine 30-31...........	850 800 1 100	278 obus. 29 shrapnels.	1 homme tué. 2 — blessés.

IV	4 canons de 15ᶜ court.	Face gauche du bastion 30... Cavalier du bastion 30......	950 1 000	139 obus. 15 shrapnels.	1 canon versa dans un fossé et ne fut remplacé que le lendemain.
V	4 canons de 15ᶜ court.	Face droite du bastion 29.... Demi-lune 18, courtine 29-30; face gauche du bastion 30..	800 800	253 obus. 38 shrapnels.	Devait faire brèche dans la face droite du bastion 29 par tir indirect.
VI	6 canons de 12ᶜ.....	Flanc gauche du bastion 31.. Bastion 30............	1 000 800	250 obus. 40 shrapnels.	
VII	4 mortiers de 23ᶜ....	Bastion 30................. Bastion 31................. Demi-lune 18..............	850 1 000 750	230 bombes.	
VIII	2 canons de 8........	Contre les sorties..........	»		
IX	2 canons de 8........	Contre les sorties..........	»		
X	4 canons de 15ᶜ court.	Front 30-31, cavalier 31.... Magasin à poudre du bastion 29 (ne fut pas construit)......			

	133 shrapnels.
	1 408 obus (136 incendiaires).
	510 bombes.
Total......	2 051 projectiles.

Troupes occupant les batteries le 23 octobre.

Batteries II et VII........ 3ᵉ régiment d'artillerie bavaroise (2ᵉ et 3ᵉ batteries).
Batterie IV .... Régiment de Hanovre n° 10 (1ʳᵉ compagnie)   ⎫ artillerie
Batteries III et VI........ Régiment de Silésie n° 6 (2ᵉ et 6ᵉ compagnies)   ⎬ prussienne
Batteries I et V .... Régiment de Westphalie n° 7 (2ᵉ et 16ᵉ compagnies) ⎭ de place.

D'après P. Wolff et Neumann.

BIBLIOGRAPHIE

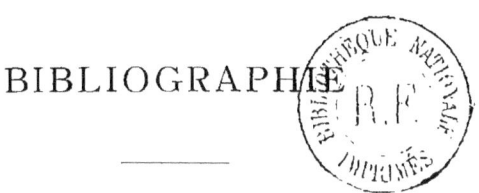

Notice sur le siège de Schlestadt, du 10 au 24 octobre 1870, par le comte *de Cambolas*, lieutenant au 2ᵉ bataillon de gardes mobiles du Bas-Rhin. Toulouse, 1871.

Le siège de Strasbourg en 1870, par *Bodenhorst*, capitaine au 2ᵉ régiment d'artillerie belge. Paris, Dumaine 1876.

Résumé des opérations de l'artillerie allemande pendant le siège de Schlestadt en 1870, par *Huter*, capitaine d'artillerie. (*Revue d'artillerie.*)

Souvenirs militaires du Général Lebrun. Préliminaires de la guerre 1866-1870. Paris, Le Dentu, 1895.

L'Alsace en 1814, par *A. Chuquet*. Paris, Plon, 1900.

La Guerre de 1870-71. Opérations dans l'Est, publié par la *section historique de l'état-major général de l'armée*, Paris, Chapelot et Cⁱᵉ, 1907.

---

1. M. de Cambolas, de Toulouse, se trouvait en villégiature chez son parent, M. de Reinach-Werth, au moment de la déclaration de la guerre. Il prit volontairement du service et fut nommé lieutenant au 2ᵉ bataillon de la garde mobile du Bas-Rhin. Sa notice ne se trouve plus en librairie.

La lumière sur 1870, par *Saintmarie*. Mulhouse. Roth-Wurmser, 1908 (1re partie).

Notices historiques sur l'Alsace et principalement la ville de Schlestadt, par *A. Dorlan*, Colmar, 1843.

Führer durch Schlettstadt (1903) par l'*abbé J. Gény*, bibliothécaire de Schlestadt.

Geschichte des Bombardements von Schlettstadt und Neu-Breisach, im Jahre 1870, von *Paul Wolff*, Ingenieur im Ingenieurs-corps. Berlin, 1874.

Die Eroberung von Schlettstadt und Neu-Breisach im Jahre 1870, von *Neumann*, Major im Nieder-Schlesischen Fuss-Artillerieregiment n° 5, Berlin, 1874. L'auteur a assisté au siège comme capitaine à l'état-major de l'artillerie.

Die Eroberung von Schlettstadt, par *J.-J. Schlettstadter Zeitung*, n°s 1 et suivants de 1896. (Joseph Jœgert, secrétaire de la Mairie.)

La Guerre franco-allemande de 1870-1871. *Ouvrage du grand état-major prussien.*

Documents officiels : Journal du blocus et du siège. Archives municipales.

Communications diverses.

TABLE DES MATIÈRES

                                                           Pages.

PRÉFACE.

CHAPITRE PREMIER. — LA PLACE FORTE   I
    I. Situation. Importance stratégique. — II. Historique et passé militaire. — III. Les fortifications. — IV. La garnison avant la guerre.

CHAPITRE II. — LA GUERRE   27
    I. Les préliminaires. — II. La garnison de défense. — III. Les gardes mobiles. — IV. L'armement.

CHAPITRE III. — MISE EN ÉTAT DE DÉFENSE.   43
    I. Le conseil de défense. — II. Artillerie et génie. — III. Services administratifs. — IV. Service de santé.

CHAPITRE IV. — LES ÉVÉNEMENTS D'AOUT.   53
    I. Premières alertes. — II. L'affaire de Thanvillé. — III. La zone militaire. — IV. Les derniers jours d'août.

CHAPITRE V. — LE BLOCUS.   67
    I. Les derniers préparatifs. — II. Première sommation. — III. Proclamation de la République.

	Pages.
— IV. La place observée de près. — V. Le préfet par délégation. — VI. Tentative contre le tunnel de Saverne. — VII. Les derniers jours de septembre. — VIII. Le préfet et le commandement. — IX. Du 1er au 10 octobre.	
CHAPITRE VI. — L'INVESTISSEMENT.	109
I. — La IVe division de réserve. — II. La place cernée. — III. Choix du front d'attaque. — IV. Les troupes techniques. — V. Les préparatifs de siège. — VI. La batterie de la Chapelle.	
CHAPITRE VII. — LE BOMBARDEMENT	129
I. Ouverture du feu. — II. Les journées du 21 et du 22. — III. Les travaux d'approche. — IV. Attaque générale. — V. La nuit du 23 octobre. — VI. L'agonie. — VII. La capitulation.	
CHAPITRE VIII. — LA REDDITION DE LA PLACE.	167
I. L'émotion générale. — II. Scènes de désordre. — III. Entrée des Allemands. — IV. Vers la captivité. — V. Prises et pertes.	
CHAPITRE IX. — CONCLUSIONS	187
APPENDICE	193
I. Le conseil d'enquête. — II. La garnison. — III. La garde mobile. — IV. L'artillerie française et l'artillerie allemande. — V. Armement et objectif des batteries allemandes.	
BIBLIOGRAPHIE	205

Imp. F. SCHMIDT, Montrouge (Seine).

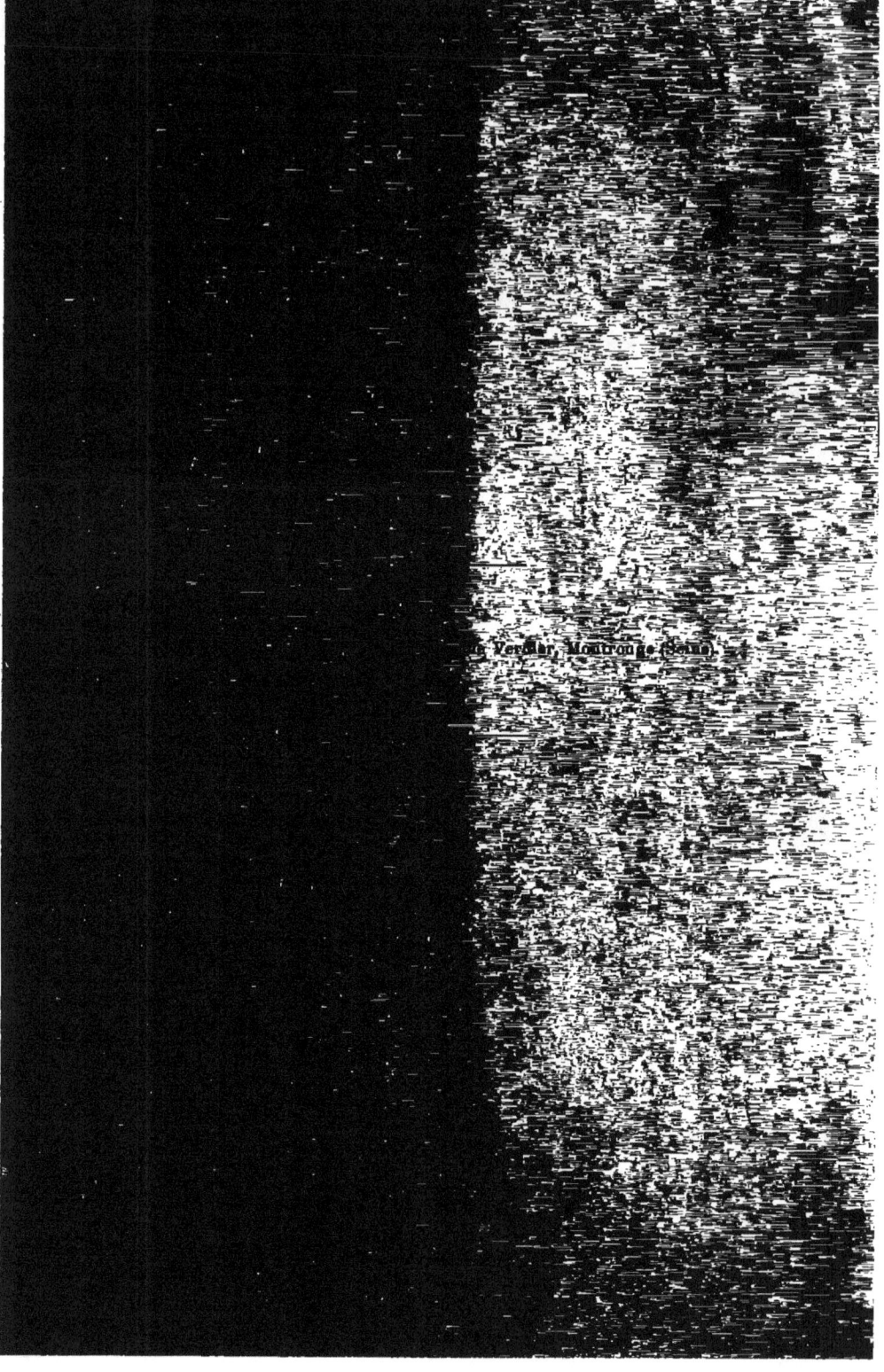

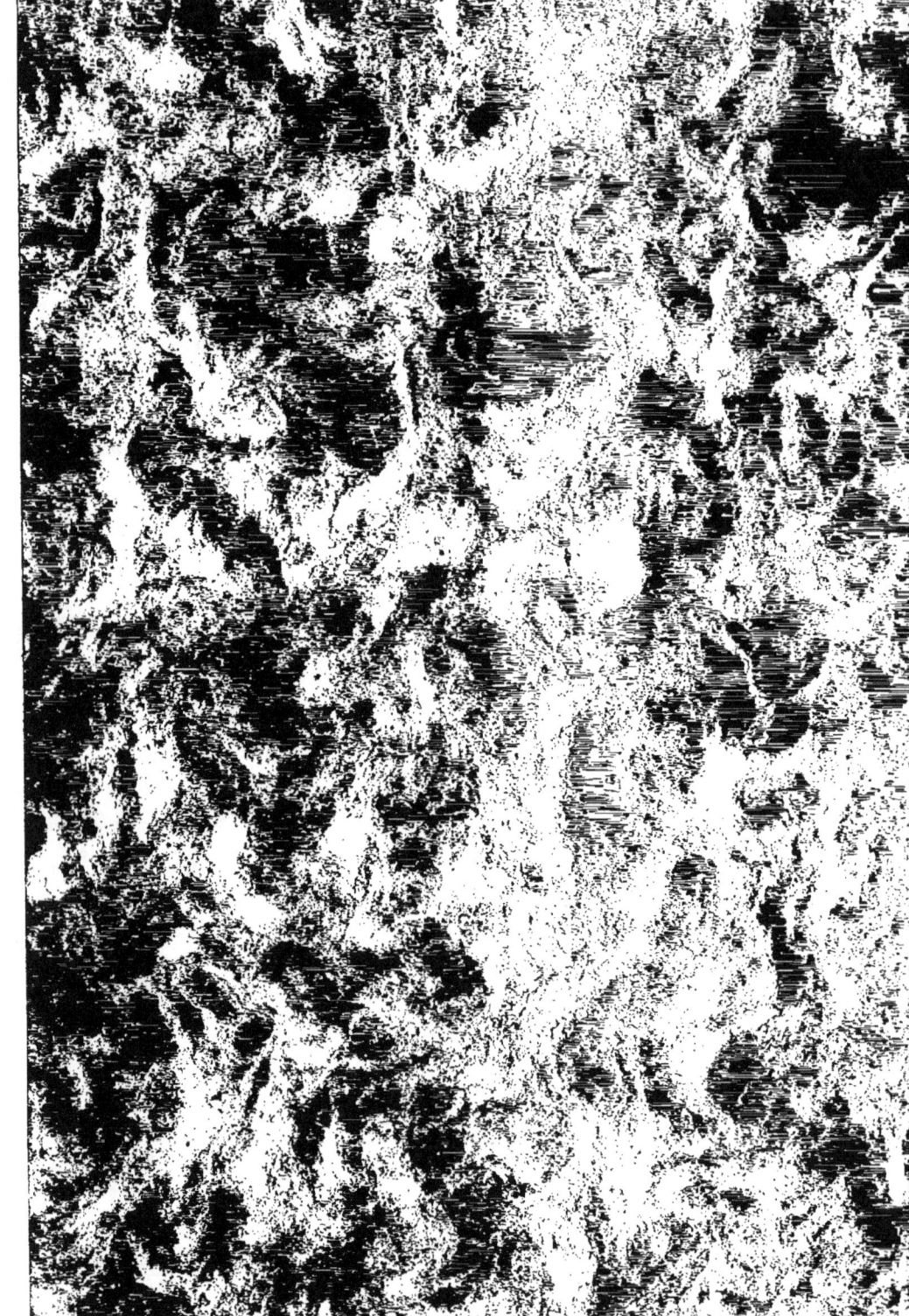

www.ingramcontent.com/pod-product-compliance
Lightning Source LLC
Chambersburg PA
CBHW071932160426
43198CB00011B/1363